KB189633

깨달음의 재발견

仏教思想のゼロポイント：「悟り」とは何か
魚川祐司

BUKKYO SHISO NO ZERO POINT : "SATORI" TOWA NANI KA
by UOKAWA Yuji
Copyright ⓒ 2015 UOKAWA Yuji
All rights reserved.
Originally published in Japan by SHINCHOSHA Publishing Co., Ltd., Tokyo.
Korean translation rights arranged with SHINCHOSHA Publishing Co., Ltd., Japan
through THE SAKAI AGENCY and BESTUN KOREA LITERARY AGENCY.

- 인명 및 지명은 『부처님의 생애』(대한불교조계종 교육원 부처님의 생애 편찬위원회, 조계종출 판사, 2010)에서 만든 기준에 따라 표기하였다.
- 빨리어 경전명은 초기불전연구회에서 펴낸 니까야 속의 경전명을 따랐으며 한역 경전명은 한 글대장경(동국역경원 간)에 등재된 이름으로 표기하였다. 다만 우리에게 너무 익숙해 개념화 되어 버린 경전명은 앞의 원칙을 따르지 않았다.(예 : 숫타니파타)
- 본문 중 작은따옴표로 표시된 부분은 저자가 강조한 단어나 문장이다.
- 경전이나 인명, 지명, 개념어 등이 한자와 기타 외래어가 동시에 병기될 경우 괄호 안에 쉼표 (,)로 처리하였으나 앞의 단어에 대한 설명일 경우 쌍반점(;)으로 표시해 구별하였다.
- mindfulness에 대한 번역어는 여전히 우리나라 학계에서 이견이 존재한다. 다만 최근 '마음 챙김'이라는 명칭이 일반화되는 추세이다. 이 책의 번역자의 경우도 최초 '알아차림'으로 번역 했으나 편집부와의 상의 끝에 '마음챙김'으로 수정하였다.

깨달음의
재발견

불교 사상의 제로포인트

우오가와 유지 (魚川祐司) 지음 • 이광준 옮김

조계종
출판사

머리말

이 책의 목적은 불교를 '알기' 위한 것이다. '안다'는 것은 단순히 지식의 양을 늘린다는 뜻이 아니라 지식을 서로 연관 짓고 통일적으로 이해할 수 있는 맥락을 자신의 내부에 설정함을 말한다. 이와 같은 맥락으로 불교를 '알고 싶어 하는' 독자들을 위해 쓴 것이 이 책이다.

물론 불교 입문서나 해설서라면 이미 시중에 많이 나와 있다. 또 자세히 주를 달아 놓은 경전의 현대어 번역본도 많이 나와 있다. 그런 책들은 연기(緣起)나 오온(五蘊), 무상(無常)이라고 하는 불교의 기본 용어들을 쉬운 말로 정성껏 해설해 놓고 있다. 하지만 아무리 훑어 봐도 '불교란 무엇인가?'라는 것이 그렇게 확실히 와 닿지 않는다. 개념의 내용에 대한 설명은 있어도 그러한 개념을 사용함으로써 불교도(佛敎徒)들이 무엇을 바라고 있었던 것인지는 잘 설명되어 있지 않기 때문이다.

잘 알지 못하는 일을 하는 사람들을 이해하기 위해서는 그들의 행위가 '무엇을' 목적으로 하고 있고, 그 목적을 달성하면 '어떻게 되는' 것인지를 아는 것이 중요하다. 불교도 마찬가지이다. 불교도의 목적과 그 목적을 달성한 결과를 알지 못하면 그들이 사용하고 있는 용어를 아무리 설명해도 '불교란 결국 무엇인가?'라는 것은 여전히 막연한 채로 남는다.

그렇다면 불교도의 목적은 무엇일까? 적어도 불교의 개조(開祖) 고따마 붓다에게는 '해탈(解脫, vimutti)'이며 또 그것을 달성한 경지인 '열반(涅槃, nibbāna)'이었다. 일반적인 용어로는 고따마 붓다의 '깨달음'이라고 표현할 수 있을 것이다.

넓고 넓은 바닷물에서는 짠맛밖에 나지 않는 것처럼, 여러 종류로 설하고 있는 불법(佛法)에도 실은 '해탈의 일미(一味: 한 가지 맛, ekaraso vimuttiraso)'밖에 존재하지 않는다고 경전에서는 설한다 (AN IV p.203 등). 그렇다면 그 '일미', 즉 불교의 본질인 '해탈·열반'이란 무엇인가? 이에 대해 생각해 보는 것이 이 책의 주된 내용이다.

이 점은 불교를 배우려고 할 때 누구나가 제일 먼저 품는 의문이겠지만, 어찌된 일인지 일본의 불교계에서는 이러한 문제에 대해 대놓고 질문을 하는 경우가 드물다. 대체로 오늘날의 일본에서는 명상 등과 같은 불교의 실천을 행하는 사람들이 승속(僧俗)을 불문하고 많이 있지만, 그중에 자신은 '해탈했다'고 선언하는 사람은 거의 없다. 적어도 경전을 읽는 한, 불설(佛說)에 따라 실천을 하면 단계적으로 달성되어 간다고 여겨지는 해탈·열반이 오늘날의 일본에서는 거의 증득(證得)이 불가능한 일처럼 보이는 것은 무엇 때문일까?

본래부터 해탈·열반이 고따마 붓다의 목적이었다는 것은 일본에서도 많은 사람들이 상식으로 알고 있다. 하지만 그 내실(內實)이 어떠한 것인가 하는 데 이르면 이 상식은 전혀 분명하지 못하다. 예컨대 입문서나 해설서에서 열반은 '한없는 평온함'이라든지, '더할 수 없는 행복'이라고 묘사된다. 이런 일반적인 묘사 자체가 반드시 잘못이라고 할 수는 없다. 그러나 노동과 생식(生殖)을 부정하고 갈애(渴愛)를 멸진하라고 설한 고따마 붓다가 말하는 '평온함'이나 '행복'이란 무엇인가? 또한 이는 일과를 마치고 편안히 쉬는 '평온함'이나 혹은 아주 좋아하는 이성과 함께 있을 때의 '행복'과 어떻게 다른 것인가? 이러한 점들에 대해서 명확하게 설명하는 경우는 거의 없다.

해탈·열반의 경지가 그와 같이 애매한 형태로밖에 묘사되지 못하는 것은 그 경지가 언어를 넘어선 그 이상의 것이라고 하기 때문이다. 그러나 해탈·열반 그 자체에 대해서 언어로 완전하게 묘사하는 것은 불가능하다고 하더라도 그 성질이나 그 경지를 달성한 결과에 대해서는 조금 더 자세한 해명이 이루어져도 좋지 않겠는가. 무엇보다도 해탈·열반이란 불교의 실천자가 경험하는 하나의 사태(事態)이다. 그 사태의 내용 자체에 대해서 언어로는 충분히 묘사하기가 불가능하다 하더라도 그 경험이 실천자에게 어떠한 영향을 미치고, 그 결과로서 그들이 어떻게 변화하는가에 대해서는 과거의 원전이나 현대의 실천자들의 증언으로부터 어느 정도 유추하고 기술하는 일은 가능하다고 생각한다.

이와 같은 이유로 이 책에서는 해탈·열반과 그로 인해 초래되는 결과에 대한 고찰을 해 보는 것이지만, 그 실마리로서 구체적으로 두 가지의 질문을 세워 본다.

첫째, 고따마 붓다가 말하는 해탈·열반이란 무엇인가
둘째, 고따마 붓다는 '깨달은' 다음 왜 죽지 않았던 것인가 첫 번째 의문은 물론 해탈·열반의 내용에 관한 것이고, 두 번째 의문은 그 결과에 관한 것이다. 후자, 즉 '왜 죽지 않았던 것인가?'라는 형태로 질문해 보지 않으면 안 되는 이유에 대해서는 전자의 물음에 대한 답변을 전제로 한 다음 본문에서 설명하기로 한다.

각 장의 내용은 이렇다. 우선 앞의 네 장은 위의 두 가지 물음에 대해 고찰하기 위한 준비로서, 불교를 '알기' 위해서는 이해해 두지 않으면 안 되는 불가결한 모든 전제와 모든 개념에 대해 그 내용을 정리하면서 해설하였다.

불교에는 업(業)이나 윤회(輪廻)라고 하는 독특한 세계관과 그에 기반을 둔 독자적인 개념, 술어가 존재한다. 그러한 것에 대해 정확하게 이해해 두지 않으면 해탈·열반의 성질을 이해하기란 막연해지고 불교를 '안다'고 하는 것도 불가능해진다. 이에 이 책의 목적을 이루기 위해 필요한 모든 전제와 개념을 해명하고자 하였다.

서두의 제1장에서는 불교에 대해 생각하는 경우 '절대로 얼버무려서는 안 되는' 전제들을 지적하고, 이에 맞추어 이 책의 기본적인 입장을 밝힌다. 다음 제2장에서는 연기(緣起)와 사제(四諦)설을 중심으로 불교의 기본 구조에 대해 해설한다. 그리고

제3장에서는 불교에서의 선(善)과 악(惡)에 대해 고찰하고, 제4장에서는 '무아(無我)'의 내실(內實)과 윤회와의 관계라는, 불교에서 종종 주요 문제로 다뤄지는 주제에 대하여 그 복잡함을 풀어 본다.

후반의 네 장에서는 앞에서 제시한 두 가지 물음에 대한 답을 제시하고, 그 관점에 따라 불교사(佛敎史) 전체에 대해 전망하였다. 제5장, 제6장에서는 위의 첫 번째 물음에 대한 답변을, 제7장에서는 두 번째 물음에 대한 답변을 제시하였다. 마지막 제8장에서는 그러한 답변을 전제로 한 후의 불교사를 어떻게 이해하는지를 논하지만, 이에 관해서는 이 책에서 다루는 범위를 크게 벗어나기 때문에 어디까지나 시사(示唆)와 여담(餘談)에 머무를 것이다.

그리고 전체의 서두에는 이 책의 방법적 전제와 인용의 사례에 대해서 기록한 짧은 글을 첨부하였는데, 관심 없는 독자들은 지나쳐도 상관없다. 그러면 이야기를 시작하도록 한다.

목차

전제와 일러두기

이 책의 의론(議論)에는 방법상 두 가지 전제가 있다. 하나는 '고따마 붓다의 불교'를 문제로 하는 경우 빨리어 경전을 중심 자료로 하고, 이를 전체로서 조리 있게 잡아(일관해서 정합(整合)적으로) 해석한다는 것이고, 다른 하나는 해탈과 열반, 혹은 '깨달음'에 대해 논할 때에는 현대의 실천자들의 의견이나 증언을 중요한 참조 항목으로 하여 의론에 명시적으로 짜 맞추어 넣는 것이다.

전자는 빨리어 경전에 신고(新古)의 층이 있음을 인정한 후에, 그 '고층(古層)'에 속하는 것이 고따마 붓다의 '본래 가르침'

이라고 하는 입장을 이 책에서는 취하지 않았다는 의미이다.

고따마 붓다의 가르침을 비교적 잘 전하고 있는 경전 자료로서 그 연구 재료는 남방(南方) 테라와다(상좌부)의 원전(原典)으로서 전승되고 있는 '장부경전(長部經典, Dīgha-nikāya)', '중부경전(中部經典, Majjhima-nikāya)', '상응부경전(相應部經典, Saṃyutta-nikāya)', '증지부경전(增支部經典, Aṅguttara-nikāya)', '소부경전(小部經典, Khuddaka-nikāya)' 등 5니까야, 그리고 북전(北傳)하여 중국에서 한역된 '장아함경(長阿含經)', '중아함경(中阿含經)', '잡아함경(雜阿含經)', '증일아함경(增一阿含經)'의 4아함경이 있다. 이들을 일반적으로 '초기경전'이라 부른다. 이 '초기경전'의 원전이 성립되는 과정에서 신고의 층이 있는 건 분명하고, 그중에 '고층'에 속하는 것이야말로 고따마 붓다의 '본래 가르침'일 것이라는 가정에 근거를 두고 많은 연구자들이 '초기경전'에서 고따마 붓다의 '참말씀[眞說]'을 가려내고자 노력해 왔다.

그러나 이미 여러 연구자들에 의해 지적되고 있는 바와 같이 원전의 신고 층에 대한 판정은 결코 한 가지 의미만으로 할 수 있는 것이 아니다. 또한 설사 원전의 '새로운' 부분을 결정할 수 있다 하더라도 그 부분이 고따마 붓다의 참말씀을 반영하고 있지 않다는 보증은 어디에도 없다. 애당초 경전의 원전화(原典化)

자체가 불멸(佛滅) 후 수백 년이 지난 뒤 일어난 이상, 구전(口傳)에 의해 기억되어 전해 온 고따마 붓다의 언행이 새로이 원전화 되었을 가능성은 언제나 있을 수 있기 때문이다.

물론 빨리어 경전이나 아함경전이 전반적으로 나타내는 사상과 고따마 붓다 자신의 교설(敎說)이 원전으로 편찬되는 과정에서 서로 어긋나는 부분이 생겼을 가능성을 결코 부정하지는 않는다. 다만 그 '고따마 붓다 자신의 교설'의 충분한 확실성과 객관성을 함께 결정한다는 건 타임머신이라도 발명되지 않는 한 현상적으로는 어렵다는 의미이다. 그리고 '초기경전'은 불멸 후 백 년 간의 근본분열(根本分裂)이 이루어지는 사이에 거의 완성되었으리라고 여겨지는 이상, 그 이후의 불교도들이 '불설'로서 받아들이고 자신들의 사상 발전을 위한 기초이자 원천이라 여겼던 것은 위의 가상적(假想的)인 '고따마 붓다 자신의 교설'보다는 오히려 현존하는 '빨리어 경전이나 아함경전이 전반적으로 보여주는 사상(思想)' 쪽에 가깝다고 볼 수 있다.

이상과 같은 이유로 이 책에서는 빨리어 경전을 전반적인 고찰의 자료로 채용하였다. 그리고 그에 부합되는 가능한 정합적(整合的)이고 일관된 해석을 '고따마 붓다의 불교'의 내용이라 생각하였다. 부연 설명하면 그것이 '현실의' 고따마 붓다의 교설과 차이가 있을 수 있다는 가능성을 결코 부정하지 않는다는 의미이다. 다만 그 점에 대해 확실한 판단을 하는 건 현실적으로 불가능하고, 불교도들이 전통적으로 이해하고 있는 '불설'의 내용으로서 '빨리어 경전이나 아함경전이 전반적으로 보여 주는 사상'을 드는 데 있어서는 일정한 합리적인 이유가 있다고 말할 수 있다.

'초기경전' 가운데에서도 특히 빨리어 경전을 중심 자료로 하는 것은 아함경전과 상당히 많은 내용이 겹치며, 또 '고층'이라고 하는 원전에도 포함시켜 내용이 완비되어 있기 때문이다. 이는 두 번째 물음과도 관련되어 있다. 그 원전에 따른 실천을 행하는 테라와다라고 하는 불교의 종파가 현재도 존재하고 있어, 수행자의 경험과 원전 기록에 대해 대응하기가 수월하기 때문이다. 다만 나 자신은 '테라와다 불교도'가 아니기 때문에, 이 책에서 제시하는 불교에 대한 이해는 테라와다의 것과 완전히 똑같지 않다는 점도 미리 밝혀 둔다. 이 책의 의론은 원전의 기술(記述)과 현실의 수행자들의 경험을 전체적으로 정합시켜 일관되게 이해할 수 있는 맥락을 세우려는 것이고, 여기에서 제시되는 해석은 어디까지나 그러한 작업의 결과이다.

다음 두 번째 전제는 이 책에서는 과거의 문헌 기술만을 근거로 불교에 대해 해석한 것이 아니라 현대 실천자들의 경험에 따른 의견과 증언도 참고해 가면서 그 작업을 하였다는 의미이다. 이는 불교에서의 전통적인 배움에 대한 방법을 이 책에서도 그대로 해석 방법으로 채용하였다는 것이고, 그러한 의미에서 특별히 어떠한 새로운 방법을 시도하였다는 의미는 아니다.

문헌을 학문적인 절차에 따라서 엄밀하게 해석하고자 하는 건 연구 대상을 정확하게 이해하고자 하는 경우 결코 소홀히 해서는 안 되는 태도이다. 예를 들어서 언어는 인지(認知)를 규정하기 때문에 니까야를 정확히 이해하고자 하는 사람은 원전 편찬자의 이해에 다가서기 위해서 빨리어를 배울 필요가 있다. 이는 당연한 일이다.

하지만 불교는 경전 속 고따마 붓다 자신이 '실제로 깨닫게 되는 것(sandiṭṭhika)'이며, '현실직시(와서 보라고 보여 주는 것, ehipassika)'라고 말하는 실천적인 사상이다. 이는 '여실지견(如實知見)'으로 수행자의 인지를 변용시켜 가는 것이기도 한 이상 그 원전의 해석자에게는 자신이 그러한 인지에 관한 일정한 이해가 있어야 하는데, 적어도 어학적, 문헌학적인 지식 획득 정도는 요구된다고 볼 수 있다. 그러한 조건이 결여되어 있다면 어학적인 능력에 문제가 있는 경우와 마찬가지로 해석자의 인지는 원전

편찬자의 인지와 괴리되어 버리고 말 것이고 결과적으로 그 이
해의 정확성은 어느 정도 손상을 받게 되기 때문이다.

그리고 마지막은 인용에 대한 일러두기이다. 이 책은 문헌만
을 자료로 하여 의론을 진행한 저술이 아니기 때문에 소위 학술
서나 연구서에는 해당되지 않으므로 주(注)의 사용에 대해서는
어떻게 하면 좋을까 하고 다소 망설였다. 그러나 출전 지시(出典
指示)나 자세한 어구 해설, 보족(補足) 등에 관해서는 참고가 되
리라 생각하여 채용하기로 하였다.

빨리어 문의 인용은 전부 Pali Text Society(PTS)의 원전에
서, 간행본의 약호(略號), 권수(卷數), 페이지에 따라 전거(典
據)를 표시하였다. 다만 『숫타니파타(Suttanipāta)』, 『담마빠다
(Dhammapada)』, 『테라가타(Theragāthā)』, 『테리가타(Therīgathā)』에
대한 출전 지시는 게송 번호에 따랐다. 약호표는 다음과 같다.

AN ; Aṅguttaranikāya

Dhp ; Dhammapada

DhpA ; Dhammapadaṭṭhakathā

Dn ; Dīghanikāya

Mn ; Majjhimanikāya

Pts; Paṭisambhidāmagga

SN; Saṃyuttanikāya

Sn; Suttanipātā

Thag; Theragāthā

Thīg; Therīgathā

Udn; Udāna

Vin; Vinaya

Vsm; Visuddhimagga

PED; Pali-English Dictionary, PTS edition

그리고 본문 중에 인용하는 원어(原語)는 참고를 위해 제시한 약간의 영어 단어를 제외하고는 기본적으로 빨리어로 통일했다. 산스크리트를 인용할 경우에는 단어 앞에 〈s.〉를 붙여 구별하였다.

또한 빨리어에서 알파벳의 v로 표기되는 음의 가타가나 표기는 원어에 처음부터 v와 w의 구별이 없기 때문에 어느 쪽으로도 음사(音寫)할 수 있다. 예컨대 Theravada를 '테라바다'로 발음할 수도 있고 '테라와다'로 음사할 수도 있는 것이다. 그러므로 이 책에서는 현재 스리랑카 승려들의 발음을 기본적으로 따르는 형

식을 취하였지만, 기존의 번역에서 정착되어 있는 인명의 표기
는 이 책에서도 그대로 사용하였으며, 특히 원칙에 따라 통일하
려고 애쓰지는 않았다.

제1장

절대로
얼버무려서는 안 되는 것

: 불교의 '방향'

○　　애써서 증득한 것을 이제는 설해야 할 필요가 없다.

탐욕과 분노에 짓눌려 버리고 있는 사람들이

이 법을 잘 깨달을 수가 없다.

이것은 흐름에 거스르는 것으로 미묘하고 심심(甚深)해서,

보기 어렵고 정교한 것이므로

탐욕에 물들고 암흑으로 덮여 있는 사람들은

볼 수가 없는 것이다.[1]

　　　… 『성스러운 구함 경[聖求經]』(이하 『성구경』)

불교는 '올바르게 사는 길'?

바로 내 앞에 한 권의 문고본이 있다. 나카무라 하지메(中村
元) 역의 『붓다의 말씀』[2]이라는 책으로, 연구자들이 종종 '가장
오래된 경전'이라고 여기는 『숫타니파타(Suttanipāta)』의 번역서
이다.

이와나미문고(岩波文庫)에서 발행된 책들이 대개 그렇듯 표지
에 책 내용에 대한 간단한 소개가 들어 있다. "수많은 불교 서적

들 가운데서 가장 오래된 성전(聖典). 후세의 불전(佛典)에서 볼 수 있는 복잡한 교리는 조금도 없으며, 인간으로서 올바르게 살아가는 길이 대화 속에 구체적으로 다루어져 있다." 고따마 붓다의 불교에 대해 소개할 때 보편적으로 사용하는 방법이다. 많은 사람들이 '붓다는 우리들이 바르고 건전하게 살아가기 위한 길을 제시한 사람이다'라는 식의 해설을 들어 본 적이 있으리라고 생각한다.

그런데 올바르고 건전하게 살아가고 있으면, 그 앞에 해탈·열반이 기다리고 있는 것일까? 고따마 붓다의 불교란 정말 '인간으로서 바르게 사는 길'을 설한 것이었을까? 물론 고따마 붓다 자신은 자신의 가르침(法, dhamma)을 건전하지 않다거나 혹은 부정(不正)하다고 생각하지는 않았을 것이다. 그러나 오늘을 살고 있는 우리들에게도 정말 그 가르침이 '인간으로서 바르게 사는 길'일 수 있는 걸까? 이제부터 『숫타니파타』의 내용을 살펴보면서 이에 대해 생각해 보기로 한다.

__밭을 가는 바라드바자

맨 앞장부터 페이지를 넘기다 보면 유명한 '무소의 뿔'에 대한 내용 다음에 '밭을 가는 바라드바자'에 대한 이야기가 나

온다.[3]

어느 날 붓다는 탁발로 음식을 받기 위해서 마침 밭을 갈고 있던 바라문인 바라드바자가 음식물을 나누어 주고 있는 바로 옆에 서 있었다. 이에 바라드바자는 "나는 밭을 갈고(노동) 난 후에 밥을 먹고 있습니다. 그러므로 당신도 밭을 간 다음에 드십시오."라고 말했다. 요즘 식으로 말하면 무직의 니트(NEET: Not in Education, Employment or Training의 약자로 공부도, 가사도, 취업도 않고 방에 틀어박혀 있는 일본의 젊은이를 가리킨다—옮긴이)가 그저 받아먹으려고만 하니, '일을 한 다음에 먹으라'는 의미이다. 일반적인 일본인들의 감각으로 본다면 지극히 타당한 말이다.

이 비판에 대해 고따마 붓다는 놀랍게도 "나도 일〔耕作〕을 하고 먹는 것이다."라고 답하였다. "그게 무슨 뜻입니까?"라고 되물어 본 바라드바자에게 고따마 붓다는 "나에게 있어서는 신앙이 씨앗이고 고행이 비가 된다."라는 시〔詩偈〕를 가지고 설명을 하였다. 요컨대 '자신에게는 종교적인 실천이 곧 경작이다'라고 답하였던 것이다.

이러한 응답에 대해 현대의 일본인들이 만족할지 여부는 사람마다 각기 다르겠지만 아무튼 바라드바자는 납득하였다. 주목해야 할 점은 그 다음이다. 게송을 듣고 기뻐한 바라드바자는 우유죽을 그릇 가득히 담아내었다. 그러자 고따마 붓다는 "나는 시를 읊은 대가로 얻은 것을 먹어서는 안 된다."며 그 우유죽을 버리게 하였다. 빨리어 경전을 읽다 보면 정말 고따마 붓다와 같은 수행승에게 음식물을 버리는 일에 대한 기피감은 그리 크지 않았던 것으로 보인다. 이는 이대로 상당히 흥미로운 문제지만 여기서는 어쨌건 인용만 해 둔다. 중요한 것은 고따마 붓다가 분명하게 일반적인 의미의 노동, 즉 어떠한 일을 하고 그에 대한 대가를 받기를 거절하고 있다는 것이다.

___노동(production)의 부정

오늘날의 일본 스님들은 장례식이나 법요를 치르고 그 수입으로 생계를 꾸려 가는 것이 일반적이다. 그래서 스님들 역시 '일'을 한다고 생각하는 사람들이 있다. 그러나 적어도 고따마 붓다는 출가자의 노동을 철저히 금하였다. 승려를 가리키는 비구(bhikkhu, s. bhikṣu)라는 말에는 '먹을 것을 구걸하는 사람'이라는 뜻이 담겨 있다. 그 이름대로 걸식(탁발)으로 최소한의 식량을 얻어서 생활하라는 것이 출가자에 대한 고따마 붓다의 지시였다. 따라서 율(律: 승려들의 규칙)에서는 물건의 상거래(賣買: kayavikkaya)나 당시의 화폐인 금, 은으로 거래하는 것 역시 분명하게 금지되어 있다.[4] 일반 사회(속세)에서의 노동이나 물물교환, 거래 같은 것에는 일체 관여하지 말라는 것이 비구들에게 주어진 규범이었다. 그렇기 때문에 고따마 붓다 자신도 '시를 읊은 대가로서' 우유죽을 받는 걸 거절하였던 것이다.

또한 오늘날 일본불교에서는 장례식이나 법요를 치를 때에 승려에게 지불해야 할 금액이 명시되어 있지 않은 경우도 있다. 그래서 일반인들에게 불만의 씨앗이 되는 일도 간혹 접하게 되는데, 이는 위에서 말한 규범이 다소나마 그대로 남아 있기 때문이다. '이러이러한 법요를 치르기 위해서 이만큼의 금액을 지불해 주십시오' 하고 요구하는 것은 독경 등에 대한 대가로서 '보수'를 받는 일이 되고 만다. 그래서 승려는 금전에 대한 요구 없이 법요를 치르고 속인들은 이에 대해 임의의 금액을 '보시' 하는 형태를 취하여 '승려는 노동을 하지 않는다'는 표면적인 이유를 유지하려는 것이다.

그리고 또 바라드바자의 이야기에서도 알 수 있듯이, 승려는 (일반적인 의미에서의) 농경도 하지 않는다. 『백장청규(百丈淸規)』에 나오는 "하루 일하지 않으면 하루 먹지 않는다."[5]라는 구절이 유명하기 때문에 승려들도 경작과 같은 노동을 하는 것은 아닐까 생각하는 사람도 있을지 모른다. 그러나 이 구절은 중국의 선

불교(禪佛敎)에서 하는 이야기이다. 일반적으로 고따마 붓다 이래의 인도불교에서는 승려가 농업 생산에 관여하지 않았다. 예전에 미얀마의 테라와다 승려에게 백장 선사의 말을 소개하자, "(테라와다의) 승려들은 노동을 할 수 없으니까 우리들은 아무것도 먹을 수 없게 되었구나." 하며 웃고 말았던 일이 있었다.

그러한 의미에서 오로지 해탈 · 열반만을 희구(希求)하는 자(출가자)들에게는 농업이든 상거래든 모든 노동 생산(production)의 행위는 금지되어 있다. 이것이 고따마 붓다의 불교의 기본적인 입장 중 하나이다.

___마간디야의 딸

그러면 다시 『숫타니파타』로 돌아가자. 제4장의 '마간디야'[6] 부분이다. 이 경은 "이 똥 · 오줌으로 가득한 (여자가) 무엇이라고 하는 것이지. 나는 거기에 발도 닿고 싶지 않다."[7]라는 과격한 말이 담긴 게(偈)로 시작된다. 경의 본문에는 이 게에 대해 기록된 내용이 없어 다소 망설였으나 주석에 따르면 마간디야라고 하는 바라문이 예쁜 딸을 데리고 와서 고따마 붓다에게 사위가 되어 줄 것을 부탁하자 붓다가 그렇게 말하며 거절하였다고 한다.

바로 그 게에 "음욕(淫慾)을 주고받는(methuna)"다는 말이

나오는데, 이는 성행위, 즉 섹스를 말한다. 고따마 붓다는 마간디야의 딸의 면전에서 "이런 똥 · 오줌으로 가득한 자(idaṃ muttakarīsapuṇṇaṃ)에게는 발조차도 닿고 싶지 않고, 그럴 마음이 전혀 없다."라고 매섭게 끊어 버리며 불평을 한 것이다. 이와나미문고 판 『붓다의 말씀』의 주에는 나와 있지 않지만 주석가(붓다고사)의 설명에 따르면, 이로 인해 그녀는 고따마 붓다에게 상당한 원한을 가지게 되었고, 이 원한이 훗날 그녀가 일으키는 소동의 불씨가 되었다고 한다.[8]

물론 고따마 붓다는 마간디야의 딸이라서 그렇게 말했던 것은 결코 아니다. 상대가 어떤 여성이었건 그와 똑같이 끊어 버렸을 것임은 틀림없는 일이지만, 그렇다 하더라도 외모에 자신 있었던 젊은 여성에게 그렇게 말한 건 좀 심하다고 느낄 수는 있다.

생식(生殖, reproduction)의 부정

그런데 이 게에 대한 주(註)에서 나카무라 하지메 교수는 "이러한 점에 대해서 원시불교의 계율은 엄격하였다."고 말하며, 출가한 승려가 여성과 성행위를 하면 바라제목차(波羅提木叉)라고 하는 대죄를 범한 것이 되어 교단에서 추방당하게 된다고 지적하였다.[9] 이런 규율은 물론 그렇다고 하더라도 출가자의 목표가 갈애[愛執]를 멸진시켜 해탈·열반에 이르는 데 있는 이상[10] 그들이 벗어나지 않으면 안 되는 것은 직접적인 성행위만이 아니다. 해탈한 사람이 버려야만 하는 것은 가볍고 무거운[輕重] 것에 상관없이 이성에 대한 욕망이나 사모(思慕)하는 것들 전부이다.

예를 들어서, 증지부(增支部)의 경전에는 일곱 가지 '음욕의 계박(繫縛, methunasaṃyoga)'에 대해 설한 부분이 있다.[11] 테라와다[12] 에서는 종종 언급되는 경전으로, '음욕의 계박'이란 수행자를 이 세상에 성적(性的)인 면으로 옭아매어 해탈을 방해하는 요소를 말한다. 거기에 설해진 내용은 상당히 엄격한데, 마사지 등으로 여성과 신체적 접촉을 하는 것을 부정한다(1). 그리고 당연한 것처럼 생각되기도 하지만, 경전에서는 더 나아가 농담을 하는 등 여성과 즐기는 것을 부정하고(2), 여성과 눈을 마주치는 것을 부정하고(3), 벽 너머 저쪽에 있는 여성의 목소리에 귀를 기울이는 것을 부정하고(4), 이전에 여성과 주고받았던 대화 등을 떠올리는 것을 부정하고(5), 재가자가 감각적인 쾌락을 즐기고 있는 모습을 보는 것을 부정하고(6), 마지막으로 수행의 결과로 내세에 (감각적 쾌락에 넘친) 천상의 세계에 태어나기를 바라는 것을 부정한다(7). 여성 출가자의 경우에는 남성에 대한 마찬가지의 행위를 부정하는 게 될 것이다. 어느 것이건 이들 일곱 가지 가운데 어느 하나라도 남아 있으면 그 사람은 '음욕의 계박에 묶여 있고'[13], '부정한 범행(梵行)을 저지르고 있는'[14] 것으로, 생노사(生老死) 등의 고(苦)로부터 해탈하였다고 말할 수가 없다. 이와 반대로 이 일곱 가지가 전부 제거되었다면 완전히 깨달았다는 것이고, "나의 해탈은 부동(不動)이며, 이것이 최후의 생(生)이고, 더 이상 재생하는 일은 없다."[15]고 하는 지견(知見)이 생긴다고 설하면서 이 경전은 끝난다.

이와 같은 경전의 말에서도 이해할 수 있듯이 고따마 붓다의 불교에서는 이성에 대한 모든 욕망과 사모의 정을 철저하게 부정하고 있다. 마간디야의 딸에 대해 고따마가 매우 심한 표현으로 거절의 의지를 나타내었던 것도 그러한 연유이다. 이미 언급한 바와 같이 고따마 붓다의 불교에서는 수행자를 해탈·열반에 이르게 하는 것이 목적이다. 그러기 위해 필요한 것이 갈애의 멸진(중생을 괴로운 생존 상태로 얽어매고 있는 근원적인 원인인 애집(愛執)의 소멸)이기 때문에 이러한 금지는 목적으로 이끄는 당연한 지침이다.

따라서 고따마 붓다의 가르침을 받아들이고 그 목표인 해탈·열반을 지향하는 사람들의 생활 속으로는 연애가 들어올 여지가 없고, 그에 비롯되는 성행위, 즉 모든 중생이 일반적으로 행하는 '생식(reproduction)'의 행위가 들어올 여지도 없다. 앞에서 언급한 '노동의 부정'에 이어서 이 '생식의 부정' 또한 고따마 붓다의 불교에서 말하는 기본적인 입장 중 하나이다. 그렇다면 이러한 입장이 의미하는 것은 무엇일까?

___흐름에 거스르는 것

본 장의 맨 앞에 『성구경』의 게를 인용하였다. 이 게는 성도(成道, 깨달음을 연) 후, 고따마 붓다의 감회를 나타낸 것으로 율장의 『대품(大品)』 등에서도 같은 내용의 게가 보인다.[16] 잘 알려져 있듯이 성도 직후의 고따마 붓다는 가르침을 설한다는 것에 적극적이지 않았고, 오히려 그대로 아무 말 없이 생을 마치려고 하였다. 그렇게 그는 '설법하는 것은 그만두자'고 생각하였는데, 그 이유에 대해 말한 것이 바로 이 게이다.

게에서 고따마 붓다는 자신이 깨달아 알게 된 법을 '흐름에 거스르는 것(paṭisotagāmiṃ)'이라고 표현하고 있는데, 유명한 구절로서 '세상의 흐름에 거스르는 것'이라고 번역되는 경우도 있다. 그러면 이 '세상의 흐름'이란 무엇일까? 게 바로 앞에 있는 붓다의 말이 참고가 될 것이다.

"내가 증득(證得)한 이 법은 심히 깊어서〔甚深〕보기 어렵고, 난해하고 적정(寂靜), 묘승(妙勝)하고 추론의 영역을 넘어선 미묘한 것으로, 지자(智者)만이 알 수 있는 것이다. 그런데 세상 사람들은 욕망의 대상을 즐기고, 욕망의 대상에 빠지고, 욕망의 대상을 기뻐하고 있다. 그렇듯 욕망의 대상을 즐기고 욕망의 대상에 빠지고 욕망의 대상을 기뻐하는 사람들에게 있어서는 상의성(相依性), 연기(緣起)라고 하는 이 도리는 보기 어렵다. 또한 일체 제행의 적지(寂止), 일체의 의지처를 여의어 버리고〔捨離〕, 갈애가 괴멸(壞滅)되고, 탐욕을 여의고〔離貪〕, 멸(滅), 열반(涅槃)이라고 하는 이 도리도 또한 보기 어려운 것이다. 설사 내가 법을 설한다고 하여도 다른 사람들이 나를 이해하지 못한다면 나는 지쳐서 고민에 빠질 것이다."[17]

여기서 보다시피 고따마 붓다는 세상 사람들이 욕망에 몰두하여 이에 기뻐하며 즐기고 있기 때문에 대상에 대해 탐하기를 여의고 그것들의 적멸을 설하는 자신의 가르침은 말을 해도 이해할 수 없을 것이라고 생각하였다. 지금까지 확인해 본 바와 같이 고따마 붓다의 교설(敎說)은 해탈·열반을 달성하고자 하는 사람들에게 노동과 생식(production과 reproduction)의 부정을 분명하게 알리고 있기 때문에 이러한 생각은 본인의 가르침의 성질에 대한 실로 냉정한 평가라 볼 수 있다.

게에서도 그 법에 대해 "탐욕에 물들고, 암흑으로 덮여 있는 사람들은 올바로 볼 수가 없다."라고 설한 것처럼 사람들은 맹목적으로 무엇인가를 욕망하는 성향을 갖고 있기 때문에 이성(異性)을 찾고, 보다 풍요로운 생활을 바란다. 그리고 그러한 요구가 생식과 노동이라고 하는 인간의 보편적인 일거리로 연결되고, 그것이 관계성을 창출하여 사회를 형성하고 거기에서 우리들의 '인생'이 전개된다.

요컨대 세상 사람들이 욕망의 대상을 기뻐하고 즐긴다는 것은 물이 높은 곳에서 낮은 곳으로 흐르는 것과 같은, 즉 자연의 경향과 같다. 또한 우리들이 '인생'이라고 생각하는 것의 내실을 규정하고 있기도 하다. 그런데 고따마 붓다의 교설이라고 하는 것은 그 자연의 위세를 바로 정면에서 '역류'하기를 설한다. 고따마는 이를 잘 알고 있었기 때문에 자신이 증득한 법(dhamma)을 세상의 흐름에 거스르는 것이라고 보았다.

이러한 고따마 붓다의 술회에 이어 경의 본문에서는 유명한 '범천권청(梵天勸請)'의 에피소드가 나온다. 각자(覺者)의 생각이 침묵 쪽으로 기운 것에 대해 위기감을 느낀 범천(梵天)은 붓다의 앞에 나타나서 법을 설해 줄 것을 간청하였다. 이에 붓다는 세간을 관찰한 뒤 자신의 이야기를 이해할 수 없는 사람들도 있겠지만 이해하는 사람들도 있다는 것을 알고 설법을 결의하였다고 한다. 즉 고따마 붓다는 고민은 했지만 결국에는 법을 설하였고, 이는 오늘날 일본의 우리들에게도 '불교'가 전해져 오고 있는 이상 당연한 결과였다.

하지만 여기서 주목해 두지 않으면 안 될 것은 그때 고따마 붓다가 설법의 대상으로 한 사람은 이야기를 하면 이해할 수 있는 일부의 사람[衆生][18]뿐이라는 것이다. 적어도 붓다 자신은 모든 사람이 보편적으로 이해할 수 있다고는 생각하지 않았다. 이는 상술한 고따마 붓다의 불교가 가진 성질의 입장에서 본다면 당연한 일이지만 의외로 잊히기 쉬운 것이어서 분명히 명기해 둘 필요가 있다.

___재가자(在家者)에 대한 가르침의 성질

그런데 위와 같은 불교에 대한 나의 이해 방법에 관해서 '분명히 출가자에게는 노동과 생식의 금지가 요청된다. 하지만 불제자(佛弟子)에는 출가자만이 아니라 재가자 또한 포함된다. 그러므로 노동과 생식의 금지를 고따마 붓다의 불교의 특징이라고 하는 것은 타당하다고는 말할 수 없지 않은가'라는 의문을 품고 있는 사람도 있을지 모른다.

고따마 붓다는 분명히 출가자뿐만 아니라 재가자(在家者)에 대해서도 가르침을 설하였고, 그들 역시 '불제자'에 포함되는 것도 사실이다. 그리고 재가자는 노동과 생식을 행하며 생활하는 존재인 이상, 고따마 붓다는 그들에 대해서는 결코 그러한 일을 금하지 않았다.

다만 이미 언급하였듯이 고따마 붓다의 불교의 목표는 수행자를 해탈·열반에 이르도록 하는 것이고, 이를 위해서는 갈애의 멸진이 필요했다. 그렇기 때문에 진정으로 고따마 붓다가 증득한 법을 얻으려고 하는 사람들에게는 노동과 생식의 포기를 요구한 것이다.

따라서 노동과 생식을 금지하지 않았다는 건 붓다의 불교의 본래 목표에서 어느 정도 낮추어진 수준의 가르침을 제시하였음을 의미한다. 그러므로 이를 고따마 붓다의 불교의 본질적인 특징이라고는 결코 말할 수 없을 것이다.

경전에서 볼 수 있는 재가자에 대한 고따마 붓다의 가르침은 소위 시론(施論), 계론(戒論), 생천론(生天論)을 중심으로 한 것이다. 요컨대 선행을 쌓아서 내세에 보다 좋은 생(生)을 얻을 것을 설한다. 이는 앞에 인용한 부분에 있는 "일체제행(一切諸行)의 적지(寂止), 일체의 의지처를 여의어 버림〔捨離〕, 갈애(渴愛)의 괴멸(壞滅), 이탐(離貪), 멸(滅), 열반(涅槃)"이라는 고따마 붓다가 증득한 법을 그대로 설한 가르침과는 기본적으로 성질을 달리한다.

예컨대 붓다가 재가자들에게 한 대표적인 설법으로 장부경전(長部經典)의 『교계 싱갈라경(singālovāda-suttanta)』(한역은 『선생경(善生經)』[19]을 들 수 있는데, 거기에서 붓다는 가족이나 사우(師友)들과의 교류부터 재산 운용법에 이르기까지 해설하고 있다. 꼭 필요한 가르침이긴 하지만 갈애의 멸진에 의해서 해탈을 지향한다고 하는 붓다의 교설의 기본적인 방향과는 전혀 다른 성질의 것이다.

고따마 붓다의 가르침이 지닌 본질적인 특징이 이와 같은 '처세술'에 있다면, 처세술이란 것은 시대나 지역에 따라 쉽게 변하는 이상 붓다의 가르침이 수천 킬로미터의 거리와 수천 년의 시간을 넘어서 현대 일본에까지 전해 올 일도 없었을 것이다. 고따마 붓다가 항상 칭찬하고 문법자(聞法者)들에게 열심히 권장하던 것은 경전 중에 판에 박은 말처럼 반복되어 나오는 가르침, 즉 "집을 나와 집이 없는 상황으로 간다(agārasmā anagāriyaṃ pabbajati)."라는 것이고, 그리하여 제자들이 노동과 생식으로 이

루어지는 사회에서의 '처세'로부터 몸을 떠나는 것이었다.[20]

이러한 '집 없는 상황으로 가는' 것으로 갈애를 멸진하여 열반에 이르는 게 고따마 붓다의 교설의 도리이고, 재가자에 대한 설법은 거기까지는 될 수 없는 사람들에 대한, 어디까지나 이차적인 성질의 것이었다고 이해해야 할 것이다.

그런데 여담이긴 하지만 이러한 출가 생활을 중시한 고따마 붓다는 이복동생인 난다와 아들 라훌라 등 자신의 가족들에 대해서는 비교적 강압적으로 출가하도록 하였다. 장남뿐만 아니라 그 아우인 난다, 그리고 손자인 라훌라까지 출가시킨 부왕(父王) 숫도다나는 상당히 힘겨운 고민을 하였던 것 같다. 고따마 붓다에게 격렬한 항의를 한 다음과 같은 기사를 율장의 『대품』에서 볼 수가 있다.

"세존(붓다)이 출가했을 때는 적지 않은 고통〔苦〕을 맛보았습니다. 난다가 출가하였을 때도 똑같았고 라훌라 때에 가서는 그 고통이라고 하면 극치였습니다. 존자여, 아들에 대한 사랑이라고 하는 것은 껍질을 깨고, 껍질을 깨어 피부를 파하고, 피부를 파하여 살을 파하고, 살을 파하여 힘줄을 파하고, 힘줄을 파하여 뼈를 파하고, 뼈를 파하여 골수를 파하고 있는 것과 같은 것입니다. 제발 존자여, 부모의 허락이 없는 아들을 출가시키지 말아주십시오."[21]

이를 들은 고따마 붓다 역시 난처하였던 것 같다. 그래서 그 이후에는 부왕 숫도다나의 부탁을 받아들여 부모의 허락을 받지 않은 아이들은 출가하지 못하도록 하였다고 한다.

___절대로 얼버무려서는 안 되는 것

여기에서 본 장 앞부분의 문제로 돌아간다. 고따마 붓다의 가르침은 과연 현대인들에게도 '인간으로서 올바르게 사는 길'이라 할 수 있는지 아닌지의 문제이다.

결론부터 말하면, 붓다의 가르침을 그렇게 해석하기는 어렵다. 몇 번이나 반복해 설하듯이 고따마 붓다의 교설은 그 목적을 달성하려고 하는 사람들에게 '노동과 생식에 대한 포기'를 요구한다. 그런데 생식은 살아 있는 생물이 보편적으로 추구하는 일이며, 노동 역시 인간이 사회를 형성하여 생존하고, 그 관계 속에서 자신을 실현하기 위해서 불가피한 일이기 때문이다.

요즈음 식으로 알기 쉽게 표현하면, 고따마 붓다는 수행자들에게 "이성과는 눈도 마주치지 않는 니트(NEET)가 되라."고 요구하고 있는 것이다. 이러한 방식을 '인간으로서 올바르게 사는 길'이라고 생각하는 현대인들은 좀 소극적으로 말을 해도 그다지 많지 않으리라. 그러나 이미 말한 바와 같이 '이성과는 눈도 맞추지 않는 니트', 즉 출가자가 된다는 것은 고따마 붓다의 불교를 그 말씀대로 궁극적인 부분까지 실천하기 위해서는 필연적인 일이다.

예컨대 붓다의 설법을 듣고 제일 먼저 깨달은 꼰단냐(Aññāta-Kondañña)라는 사람은 그 자리에서 바로 출가를 결심하고, "어서 오라 비구여, 법은 잘 설했다. 올바로 고(苦)를 멸진하기 위해서 범행(梵行)을 하라."며 고따마 붓다의 허가를 받았다.[22] 또 얼마 지나 붓다의 설법을 듣고 아라한(번뇌가 멸진된 수행 완성자)이 된 장자(長者: 부호)의 아들 야사도 그 자리에서 바로 출가를 희망하여 역시 같은 말로 붓다의 허가를 받았다.[23] 붓다는 야사에 대해 그의 마음은 이미 번뇌에서 해탈하였기 때문에 "이전에 재가에 있을 때처럼 비속(卑俗)으로 돌아가 모든 욕구를 향유할 수는 없다."[24]고 말하였다. 붓다가 이렇게 말한 건 당연한 일이었다. 갈애(渴愛, 愛執)를 소멸시켜 버린 그의 마음은 이미 그 작용에 의하여 노동과 생식을 행하는 속인의 세계에는 물들지 않을 사람이 되었기 때문이다. 그가 앞으로도 살아가려면 그 삶은 '범행'에

의한 것 이외에 다른 선택의 여지가 없었다.[25]

또 오늘날의 테라와다 불교에서도 수행자가 아라한이 되면 설사 그 사람이 재가자였다 하더라도 그 후의 인생은 죽거나 출가하는 것 이외에는 다른 선택의 여지가 없다고 한다. 그 안에 담긴 사정도 위의 이야기와 같다.

고따마 붓다의 불교는 그와 같은 성질을 가지고 있었기 때문에 종종 '염세주의'라거나 '허무주의' 혹은 '생(生)의 부정'이라고 평가되어 왔다.

뒤에 가서 이야기하겠지만 나는 고따마 붓다의 불교가 '생' 그 자체를 철두철미하게 부정하였다고 단언할 수는 없다고 본다. 그러나 그 가르침에는 '범부(깨닫지 못한 중생)가 생(生)의 내용이라 생각하는 것들'을 적어도 일단은 부정하고, '해탈'로 나아가게 하려는 의도가 확실히 있었다. 그러므로 고따마 붓다의 불교는 평범한 현대인들이 생각하듯 '인간으로서 바르게 살아가는 길'을 설한 것이 아니라, 오히려 그와 같은 관념의 전제로 되어 있는 '인간'이나 '올바르다'라고 하는 이야깃거리〔物語〕[26]들을 부셔 버리는 작용을 하는 것이다.

이러한 가르침은 불교를 이해하는 데 있어서 '절대로 얼버무려서는 안 되는 것'이며, 또 이를 명확하게 다루지 않고서는 고따마 붓다의 불교뿐만 아니라 '대승(大乘)'을 포함한 그 이후 불교사의 전개에 대해서도 그 사상의 구조를 제대로 파악할 수 없다고 생각한다.

이 책의 입장과 목적

고따마 붓다의 불교를 이렇게 이해함으로서 그 가치를 폄하하려는 의도는 없다. 반대로 붓다의 불교를 '인간으로서 바르게 사는 길'이라고 이해하기를 포기했을 때 비로소 그 참된 가치를 알 수 있고, 또 '불교란 무엇인가?'라는 근본적인 문제에 대해서도 올바르게 파악할 수 있게 된다는 것이 이 책의 기본적인 입장이다.

현대 일본에 있는 불교에 관한 언설(言說)들 가운데에는 연기 사상을 우리들의 지적(知的) 이해 범위 내에서 좋은 형태로 끌어내어 "불교는 과학적이고 합리적이다."라고 평가하거나 계율이나 자비의 개념을 다루면서 "불교를 실천하면 건전하고 친절한 사람이 됩니다."라며 유효한 처세술로서 선전하는 경우가 종종 있다.

그러한 말들로 인해 불교에 흥미를 갖게 되거나, 혹은 정말로 '건전하고 친절하게' 되는 사람들도 있기 때문에 그런 이야기〔言說〕가 유행하는 것을 전면적으로 '나쁘다'고 비난할 생각은 없다. 다만 그런 이야기들 역시 고따마 붓다의 불교에 대한 적절한 평가라 할 수 없고 그의 사상 가운데 '달콤한' 부분을 놓쳐 버리는, 불교의 위험한 부분인 동시에 가장 매력적인 부분을 은폐시킨 이해라고 생각한다.

실제로 다음 장 이후에 논하려는 불교의 원전과 그에 의거한 실천을 자세히 살펴보면 일종의 '합리성'과 동시에 '비합리성'이 분명히 존재하고 있으며, 근대과학과는 전혀 상관없는 지견(知見)이나 방법이 많이 있다는 것도 금방 알 수 있다. 고따마 붓다가 추천하는 이상적인 생활이란 오늘날 현대인들에게 있어서 '건전'하다고는 말하기 어렵다. 이는 이미 앞에서 본 바와 같으며, 자비 사상이라고 한 부분에서도 우리들이 상정(想定)하고 있는 '친절함'과는 차이가 있다.

애당초 '과학성'과 '합리성'을 바란다면 불교 관련 책보다는 자연과학 관련 책을 읽으면 되고, '처세술'을 알고 싶다면 2,500년 전의 인도인이 현대인의 상황에 딱 맞게 말하는 자기계발서를 읽는 게 훨씬 참고가 될 것이다. 속세의 처세가 불교의 문제였다면 수천 년의 시간과 수천 킬로미터의 거리를 넘어서 우리에게까지 전해져 왔을 리가 없으며, 과학성과 합리성이 불교의 특장(特長)이라고 한다면 그 점에 관해서는 근대과학 쪽이 훨씬 뛰어나기 때문에 구태여 불교를 배워야 할 필요는 없다.

불교에 '현대사상'으로서의 가치가 그래도 있다고 한다면, 그 가치는 현대의 '세상의 흐름'에 따른 언설과는 전혀 다른 방향에 존재할 것이다.

본 장을 통해서 확인해 온 바와 같이 고따마 붓다의 가르침은 인간을 그냥 내버려 두면 자연스럽게 향하는 흐름의 바로 정면에서 '역류'하는 것을 설한다. "어서 오라 비구여, 올바로 고(苦)를 멸진하기 위해서 범행을 행하라."라는 붓다의 말은 현대인의 감각으로 보면 분명히 '세상의 흐름에 거스르는' '비인간적'인 생활로 사람들을 인도하는 것이다.

그러나 여기서 우리들이 반드시 해야 할 것은 고따마 붓다 본인도 자각하고 있었던 그와 같은 '비인간적'인 가르침의 성질을 부정하거나 은폐하는 일도 아니고, '그런 비인간적인 가르침에 의미는 없다'고 그대로 불교를 잊어버리는 것도 아니다. 중요한 건 우리들이 "그러면 '세상의 흐름에 거스르는' 실천을 행하면서까지 그들이 지향하였던 것이란 무엇이었던가?"를 다시 한 번 철저하게 생각해 보는 것이다.

『숫타니파타』의 서두에서 거듭 언급되고 있듯이 고따마 붓다의 가르침에 따라 갈애를 멸진한 수행자는 "이 세상과 저 세상을 모두 버리고 떠난다."[27] "이 세상과 저 세상을 모두 버리고 떠난" 경지, 즉 해탈·열반의 풍광(風光)이야말로 시대와 지역이 아무리 달라져도 변하지 않는 불교의 보편적인 가치임을 알고, 그것이 어떠한지를 탐구하는 것이야말로 불교 이해의 시작(알파)이자 끝(오메가)이다.

이 책에서는 이러한 과제를 언어의 능력이 닿는 한 철저하게 추구해 보고자 하였다. 이를 통해서 언어 이전에 고따마 붓다가 겪은 개인적인 증오(證悟) 체험[自內證]이 다른 사람들에게 전할 수 있는 '가르침[敎]'으로서 이 세상에 알려지고, '사상(思想)'화된 그 '의미'를 분명히 하고자 하는 것이다.

이러한 작업을 통해 우리는 고따마 붓다의 가르침[敎]의 성질을 이해하게 되고, 그에 대한 자신의 태도(가치판단)를 결정하는 일도 가능해질 것이다. 이 책에서 서술하는 내용은 독자 자신이 그와 같은 가치판단을 할 때 필요한 불교를 이해하는 기본적인 관점을 제공하기 위한 것이다.

___다음 장으로의 이행

본 장에서는 불교에 대해 알아 가는 데 있어 '절대로 얼버무려서는 안 되는 것'에 대해 살펴보고, 아울러 이 책의 기본적인 입장과 목적을 분명히 하였다. 다음의 제2장부터 제4장에 걸쳐서는 '열반(涅槃)'이란 무엇인가라는 근본 문제를 살펴보기 전에 필요한 준비를 하고자 한다. 그래서 불교 사상에 대한 기본적인 개념 몇 가지를 확인하며 고따마 붓다가 한 설법의 구조에 대해 말할 것이다.

먼저 다음 장에서는 불교의 중심적인 사상이라고 하는 '연기(緣起)'의 개념과 함께 그에 따라 구조화되어 있는 불설의 기본적인 내용을 해명코자 한다.

제 2 장

불교의
기본 구조

: 연기(緣起)와 사제(四諦)

○   원인에 의해서 생겨나는 것에 대해서

여래는 그들의 원인을 말씀하셨다

그리고 또 그들의 멸진인 것도

위대한 사문은 이와 같이 설하는 것이다.[1]

… 율장 『대품』

'전미개오(轉迷開悟)'의 한 가지 의미

불교는 '전미개오(轉迷開悟)'를 지향하는 종교라고 말한다. '미혹을 돌려서 깨달음을 여는' 것이 바로 고따마 붓다 교설의 목적이다. 그러면 그 '미혹'이란 무엇이며, '깨달음'이란 또 무엇인가? 이 물음들이 바로 이 책 전반에 걸쳐 다루어지는 문제이다. 이 물음에 대해 먼저 한 가지만 답을 하자면 불교에서 말하는 '전미개오'의 의미 가운데 하나는 '중생이 자신의 버릇 때문에 맹목적으로 계속하는 행위를 끊는 것'이다. 이건 무슨 뜻인가? 이제부터 자세히 설명하기로 한다.

___유루(有漏)와 무루(無漏)

경전에서 '깨달음'의 경지, 즉 '열반(涅槃, nibbāna)'이나 '무위(無爲, asaṅkhata)' 혹은 '도피안(到彼岸, parāyana)'이나 '불사(不死, amata)'라고 하는 것은 '탐욕의 괴멸(ragakkhaya), 진에의 괴멸(dosakkhaya), 우치(愚癡, mohakkhaya)의 괴멸'이라고 정의하는 것이 일반적이다.[2]

이 가운데 탐욕이란 좋아하는 대상에 집착하는 마음이며, 반대로 진에는 좋아하지 않는 대상을 혐오하는 마음을 말한다. 그리고 우치란 근원적인 무지(無知)로, 사물을 있는 그대로 지견(知見)할 수 없는 것이다. 이 세 가지를 합쳐서 '삼독(三毒)'이라 부르고 번뇌의 근본이라고 한다. 위에서 말하는 깨달음의 경지에 대한 정의는 이 삼독의 괴멸을 말하기 때문에, 마음에 번뇌가 없는 상태가 곧 '깨달음'이라고 생각할 수 있다.

그러면 마음에 번뇌가 있는 상태, 즉 '미혹'의 상태란 어떠한 상태를 말하는 것일까? 불교에서는 전통적으로 마음에 번뇌가 있어서 더럽혀진 상태를 '유루(有漏, sāsava, s. sāsrava)'라고 불러왔다. 불교에서 '루(漏, āsava, s. āsrava)'는 '흘러나오는 것〔漏出〕'을 의미한다. 번뇌가 줄줄 흘러 내려서 마음이 그 영향 아래에 있는 상태를 '유루(有漏)'라고 말하는 것이다.[3] 이와는 반대로 루가 없어져서 번뇌에 오염되어 있지 않은 상태는 '무루(無漏, anāsava, s. anāsrava)'라고 부른다. 붓다나 아라한이 해탈을 완성하는 지혜를 '누진지(漏盡智, āsavakkhaya-ñāṇa)'라고 하는 것도 루가 멸진되어 마음에서 번뇌의 오염이 사라진 상태가 '깨달음'이라고 생각되기 때문이다.

___ 맹목적인 버릇을 멈추게 하는 것이 '깨달음'

이 '유루'와 '무루'의 성질에 대해 교리에 따라 조금 더 구체적으로 설명해 보자.

테라와다 불교에서는 경전에 근거해서 중생을 미혹의 생존 상태(즉 윤회전생을 거듭하며 고생하는 상태)에 얽어매는 요소로 열 가지의 결(結, saṃyojana)을 제시한다. 이 열 가지는 경전에서 설하는 네 가지 '깨달음'의 단계, 즉 예류(豫流), 일래(一來), 불환(不還), 아라한(阿羅漢)으로 올라가면서 서서히 끊어진다.

이 열 가지 결 가운데 최초의 예류 단계에서 끊어지는 것이 유신견(有身見), 계금취(戒禁取), 의(疑)라고 하는 세 가지 번뇌이다. 이 중 유신견(有身見, sakkāya-diṭṭhi)이란 간단히 말하면 '자기〔我〕라고 하는 실체가 존재한다고 하는 견해'를 말한다. '무아(無我, anattan)'론은 불설의 기본인데, 예류의 단계에 도달한 사람은 그것을 확실히 안다는 것이다.

그렇다면 약간 이상한 부분이 생긴다. 예를 들어서 '깨달음'의 마지막 단계인 아라한의 위치에 이르러 비로소 끊어지는 결 가운데에 만(慢, māna)이라고 하는 번뇌가 있다. 만은 타인과 자신을 비교해서 우월한지 열등한지를 생각하는 것이다. 하지만 앞에서 본 바와 같이 '자기'가 있다고 하는 견해는 예류의 단계에서 끊어지게 된다. 이미 '자기'가 없다면, 없는 것을 '타인'과 비교할 리 없다.

내가 테라와다의 교리를 배우기 시작했을 때 이 내용이 잘 이해되지 않아 학승에게 물어 본 적이 있다. 그때 그 학승은 "분명히 예류 단계에 이른 수행자는 '자기'라고 하는 실체가 존재하지 않는다는 것을 확실히 알고는 있다. 그래도 그의 마음에는 여전히 루가 남아 있기 때문에 아라한의 위치에 이르러서 그것이 완전히 멸진되지 않는 한 자기와 타인을 비교하는 행위를 끊을 수 없는 것이다."라고 말해 주었다. 즉 루라는 번뇌의 작용이 남아 있는 한 수행자는 자신의 습관화된 행위[4]를 '알고 있으면서도 끊어질 수 없는' 것이라고 하는 것이다.

이러한 루의 영향 아래 있는 중생의 행동 양식을 다른 말로 바꾸면 '나쁜 버릇'이라고도 할 수도 있다. 이는 습관적이고 맹목적인 행위로서 '이건 나쁜 짓이다. 무의미한 일이다'라고 머리로는 알고 있어도 정신이 들면 어느새 또 저지르고 마는 행위이다. 불교에서 '수행'이 필요하다고 하는 이유 중 하나가 바로 이것이다. 머리로는 제대로 이치를 깨달았다고 해도 습관적인 행위를 끊을 수가 없는 한 달성되었다고 말할 수 없는 게 '깨달음'이라는 것의 성질이다.

다시 말해 '깨달음'을 지향한다는 것을 현상의 측면에서 구체적으로 말하자면, 그 맹목적이고 습관적인 행위, 즉 버릇(漏와 비슷한 것. 번뇌)을 영원히 정지시키는 것이다. 특히 테라와다에서 강조하고, 최근 대승의 승려들도 채용해서[5] 흔히 사용하는 '마음챙김(sati)'이 이를 위한 실천이다.[6]

이 '마음챙김'을 영어로는 마인드풀니스(mindfulness)라고 번역한다. 이 말을 글자 그대로 읽으면 하나하나의 행위에 의식이 미치게 하여(mind-ful-ness) 무의식적, 즉 맹목적으로 익숙해진 불건전한 행위를 방지하는 것이다. 본 장의 제일 앞부분에서 "전미개오의 의미 가운데 하나는 중생이 자신의 버릇 때문에 맹목적으로 계속하는 행위를 끊는" 것이라고 말하였던 게 이를 두고 한 말이다.

그러므로 간단히 설명하면 '중생이 버릇에 의해서 맹목적으로 행위를 계속하는 상태'가 '미혹〔迷〕'이고, '이것이 끊어진 상태'가 '깨달음'이다. 그러나 그렇다고 하면, 대체 범부(凡夫; 깨닫지 못한 중생)에게 왜 맹목적인 버릇이 붙어 버리고 만 것인가?

이 문제를 생각해 보면 불교의 중심 사상이자 중생을 포함한 이 세계(loka)의 모든 현상을 성립시킨다고 하는 '연기(緣起)'의 법칙이 깊이 관여되어 있음을 알게 된다. 따라서 다음은 '연기'의 개념을 다루어 가면서 고따마 붓다의 교설의 기본 구조를 확인해 가기로 한다.

___의지해서 생기는 것

고따마 붓다의 제자 중에 '지혜제일'이라고 불린 사리뿟따라는 수행자가 있었다. 본래 회의주의자인 산자야의 제자였던 그가 불문(佛門)으로 돌아서게 된 계기는 다섯 비구(고따마 붓다의 최초의 설법 상대) 중의 한 명인 앗사지로부터 게송 하나를 듣게 된 것이었다고 한다.[7]

본 장의 앞부분에 인용한 게송이 바로 그 게송이다. 이 게송은 일반적으로 '법신게(法身偈)'라고 불리는데, 간소한 시구 가운데 불설의 기본을 단적으로 나타내고 있어서 옛날부터 불교 신자들에게 중요시되었다.

이 법신게의 전반부에서는 먼저 "원인에 의해서 생기는 것에 대해서 여래는 그들의 원인을 말씀하셨다."라고 전하고 있으며, 후반부에서는 "그리고 또 그들의 멸진이라는 것도. 위대한 사문(沙門)은 이와 같이 설하는 것이다."라고 말한다. 즉 붓다(여래, 위대한 사문)의 설은 ①원인에 의해 생겨나는 일체 사물에 대해서 그 원인을 지적하고, 그에 더하여 ②그러한 원인에 의해서 생겨난 일체 사물의 멸진이라는 것(yonirodho)도 가르친다. 이는 고따마 붓다 설법의 기본적인 구조를 간결하게 잘 보여 준다.

먼저 전반부의 ①부터 설명해 보기로 한다. "원인에 의해서 생겨나는 것(dhammā hetuppabhavā)"을 다른 불교 용어로 바꾸어 말하면 '제행(諸行, saṅkhārā)'이라고 할 수 있다. "제행은 참으로 무상(無常)하다(aniccā vata saṅkhārā),"[8]라고 말할 때의 바로 그 '제행'이다. 이 경우의 saṅkhārā는 흔히 영어로 conditioned things, phenomena 등으로 번역된다. 즉 조건 지어진 사물, 원인 관계에 의해서 형성된 모든 사물은 현상의 세계 전부를 지칭한다.[9]

불교에서는 범부가 경험하는 것들, 현상이라고 하는 것은 모두 원인(조건)에 의해서 형성된 일시적인 것이고 실체가 있지 않은 것이라고 한다. 모든 현상은 원인(조건)이 한 데 모여서 일어나는 것(samudaya-dhamma)이며, 그 원인(조건)이 사라지면 소멸되고 마는 것(nirodha-dhamma)이다.

예를 들어 사리뿟따는 이 법신게를 듣고서 바로 불교의 첫 번째 깨달음의 단계인 예류과를 얻었다고 한다. 문법자(聞法者)가 이 예류과를 얻게 되었을 때를 상투적으로 표현할 때 "(그에게) 원진리구(遠塵離垢)의 법안(法眼)이 생겼다. 즉, '무릇 모여서 생겨나는[集起] 성질의 것은 모두 멸진(滅盡)하는 성질의 것이다'라고 (깨달았다)."[10] 하는 것도 '원인에 의해서 생긴 모든 것은 전부 멸한다'고 여실지견하는(있는 그대로 아는) 것이 불교 이해의 첫걸음이기 때문이다.

그와 같이 모든 현상(sabbe saṅkhārā)은 원인(조건)에 의해서 형성되고 따라서 언젠가는 반드시 소멸한다. 이 '모든 현상은 원인 (조건)에 의해서 성립하는 것'을 법칙으로 하여 개념화한 것이 이른바 '연기(緣起, paṭicca-samuppāda, s. pratītya-samutpāda)'설이다.

앞 장에 인용한 성도 후의 고따마 붓다의 술회에서는 연기에 대해 그가 증득한 법의 도리 중 하나로 설명하였다. 또 "연기를 보는 자는 법을 본다. 법을 보는 자는 연기를 본다."[11]라고 하는 유명한 말에도 나타나 있듯이 의심할 여지가 없는 불교의 중심 사상이다. 하지만 의미하는 바는 지극히 단순하다. '의해서 생기는 것'이라는 글자 그대로 '원인(조건)이 있어서 생겨나는 것'이라는, 기본적으로는 단지 그 의미뿐이다.

특히 고따마 붓다의 불교에 대해서 생각할 때는 연기를 이러한 원래의 의미로 파악해 두는 게 가장 실수가 적을 것이다.

"이것이 있으면 저것이 있고, 이것이 생겨나면 저것이 생겨나고, 이것이 없으면 저것도 없고, 이것이 멸하면 저것도 멸한다."[12]라는 연기 법칙의 정식화(定式化)가 유명하다. 일단은 이 구절 역시 모든 현상의 원인(조건)에 의한 생성과 소멸을 기술한 것이라고 이해하는 게 좋겠다.

__기본적인 큰 줄기

그런데 이렇게 단순한 연기설이 불교에서는 왜 그 정도로까지 중요시되는가? 이는 연기의 법칙이 우리들 중생의 미혹의 생존 상태, 즉 고(苦)의 현상을 형성하고 있는 법칙이기 때문이다. 따라서 그 작용을 있는 그대로 보고, 우리들을 그 현상으로 이르게 하는 원인, 조건(인연)을 소멸시킬 수 있다면 우리들은 고통이라고 하는 미혹의 생존 상태에서 벗어날 수 있다. 즉 해탈할 수가 있다는 말이다.

이미 살펴 본 바와 같이 법신게의 전반 ①에서 불설이란 '원인에 인해서 생긴 것에 대하여 그 원인을 지적하는 것'이라고 하였다. 그런데 고따마 붓다가 설한 것은 그뿐만이 아니다. 게송의 후반 ②에서 설한 바와 같이 붓다는 "그들의 멸진"에 대해서도 가르치고 있다. 즉 고따마 붓다는 현상이 연기성의 것임을 발견하고 그 원인을 설했을 뿐 아니라 그와 같이 꿰뚫어 본 인연의 소멸을 통해서[13] 고(苦)라는 현상이 멸진된 경지에 대해서도 설하였다.[14]

불교 용어에서는 연기의 법칙에 의해서 형성되고, 거기에서 중생이 미혹의 생존 상태에 있는 현상의 세계(saṅkhārā)를 '세간(世間, loka)'이라 하고, 그곳에서 벗어나 속박으로부터 해방되어 미혹에서 벗어난 풍광을 '출세간(出世間, lokuttara)'이라고 말한다.

즉 고따마 붓다의 불교가 지향하는 건 중생을 이 '세간'에서 '출세간'으로 옮겨 가도록 하는 것이고[15] 그 수단이란 연기의 법칙에 의해 형성된 우리들의 고통스런 현상에 대해 그 원인과 조건을 철견(徹見)하여 소멸시키는 것이다. "불교는 어렵다."라고 말하지만 그 기본적인 절차는 이와 같이 참으로 단순한 것이다.

___고(苦)와 무상(無常)

절차가 단순하다고 해도 그 내실이 보이지 않으면 고따마 붓다의 교설에 담긴 기본 구조를 '알았다'고 느끼지는 못할 것이다. 그래서 이 내용을 좀 더 자세히 살펴본다.

우선 앞에서 나는 '고(苦)의 현상', '괴로운 현상' 등의 표현을 사용했는데 불교에서 대체 '고(苦, dukkha)'란 무엇이며, 또 '모든 현상은 고(苦)이다(sabbe sankhārā dukkhā).'[16]라고 받아들일 수 있는 이유는 무엇인가? 여기에도 연기라는 불교의 근본적인 세계관이 깊이 관련되어 있다.

고따마 붓다의 교설에서는 무릇 모든 현상이 무상(無常), 고(苦), 무아(無我)라고 하는 세 가지의 성질을 가지고 있다고 말한다.[17] 이 세 가지를 합쳐 삼상(三相, ti-lakkhaṇa)이라고 부르기도 하는데, 사실은 연기라는 현상의 보다 근원적인 성질을 세 가지로 표현한 것에 지나지 않는다.

경전에서는 오온(五蘊)[18]과 같은 현상을 구성하는 제 요소 각각에 대해서 "색(色)은 무상하다. 무상한 것은 고(苦)이다. 고(苦)인 것은 무아다."[19]라고 지적하는 내용의 설법을 흔히 볼 수 있다. 이것도 무상, 고, 무아 삼상이 기본적으로는 같은 상황을 달리 표현한 것이기 때문이다.

하나하나 살펴보도록 하자. 먼저 연기에 의해 형성된 제 현상은 무상하다. 이는 이미 언급하였기 때문에 금방 이해할 수 있다. 원인과 조건에 의해 생긴 것은 어디까지나 실체가 없는 일시적인 현상에 지나지 않고, 그 인연이 사라지면 소멸하고 만다. 그러므로 항상 있는(항상적인) 것이 아니다.

그렇다면 고(苦)에 대해서는 어떠한가? "무상한 것은 고(苦)이다(yadaniccaṃ taṃ dukkhaṃ)."라고 말하지만, 이 말을 이해하기 위해서는 불교에서 말하는 dukkha라는 용어의 뉘앙스를 이해할 필요가 있다.

우리는 한문[漢譯] '고(苦)'를 눈으로 보았을 때 바로 '괴로움'을 연상한다. 그렇기 때문에 불교에서의 '고(苦)'도 아픔이나 슬픔과 같은 육체적, 정신적인 고통을 의미한다고 여기는 경향이 있다.

그렇다면 쾌락이 넘쳐 나는 생활, 예를 들어 고따마 붓다가 출가하기 이전의 생활은 '고(苦)'가 아닌 걸까? 그렇다고는 말할 수 없다. 경전에서 설하는 바에 따르면 누군가가 어느 시점에서 쾌락을 느끼고 있다 해도 이 느낌[感受]까지 '고(苦)'인 것에는 변함이 없다고 한다.

오늘날 'dukkha'라고 하는 말을 영어로 번역할 때 흔히 unsatisfactoriness라는 단어를 사용한다. 이 말은 '불만족(不滿足)'이라는 뜻인데, 이 뜻이 dukkha의 뉘앙스를 올바로 짚어 낸 표현이라고 생각한다.

이미 언급한 대로 dukkha(苦)는 종종 anicca(無常)와 관련지어 설명된다. 이런 설명은 '고'라고 하는 용어가 단지 고통을 의미하는 것만은 아님을 보여 준다. 욕망의 대상이건, 그 향수(享受)이건, 인연에 의해서 형성된 모든 현상이 무상한 이상, 욕망을 충족시키고자 하는 중생의 삶은 항상 불만족으로 끝날 수밖에 없는 상황을 의미한다.

예컨대 배고픔이 절정에 달해 있을 때, 맛있는 음식이 나오면 우리들은 기뻐하며 실컷 먹고 즐긴다. 그러나 아무리 맛있는 음식이라도 한 시간 이상 계속 먹다 보면 음식을 보는 것조차 질려 버린다. 그랬다가도 고작 반나절이 지나면 다시 배가 고파진다. 좋아하는 음악을 들으면서 즐겁게 춤을 추고 있어도 몇 시간을 계속 그러고 있을 수는 없으며, 아무리 예쁜 사람을 보더라도 사흘이 못 가 질려 버린다. 그래서 다른 것에서 또 다른 것으로 새로운 자극을 찾아다니면서 살아간다. 그렇게 살아가다 마지막에 만나게 되는 것은 오직 늙음과 질병, 죽음(老病死)이라고 하는, 모두에게 반드시 100퍼센트의 확률로 찾아오는 피할 수 없는 절대적인 고이다.

이와 같은 '끝이 없는 불만족'이 기껏해야 100년 정도밖에 안 되는 '일생의 문제'라면 아직까지는 다행일지 모른다. 언젠가

'절대적인 종말'이 온다고 생각한다면 현대 일본인이 곧잘 말하듯이 '인생은 죽을 때까지의 심심풀이' 등등의 말을 읊조리면서 그럭저럭 자신을 속여 가며 살아갈 수도 있을 것이기 때문이다. 하지만 불교의 기반이 되는 세계관은 윤회전생(輪廻轉生)이다. 우리들은 끊임없이 죽었다 태어나기를 되풀이한다. 그 무수한 생애 동안 '끝이 없는 불만족'을 반복하고 쓸데없는 소비를 계속하면서.

예를 들어 『담마빠다』의 제153게에서는 "생을 몇 번이나 되풀이하는 건 괴로운 일이다(dukkhā jāti punappunaṃ)."라고 읊조리고 있는데 이는 고따마 붓다뿐만 아니라 당시 인도의 종교인, 수행자들 사이에서도 많이 공유되고 있었던 내용이다. 당시 사람들이 실제 느끼고 있었던 감정을 표현한 내용이기 때문에 이를 이해하지 못하면 현재의 우리는 경전에서 말하는 '고'의 뉘앙스를 알 수 없다. '끝이 없는 불만족'이 무시(無始) 이래의 과거로부터 미래영겁에 이르기까지 끊임없이 되풀이된다는, 적어도 그들이 실제 느끼고 있던 상황을 제대로 상상할 수 없다면 "특별히 괴롭지 않습니다. 나는 인생이 즐겁습니다." 하고 말하는 것으로 이야기가 끝나기 때문이다.

이처럼 불교에서 말하는 '고'는 '불만족'이라는 의미이고, 보

다 근원적으로 말하면 '불만족에 끝이 없음'을 뜻한다. 물론 '고'
는 연기의 법칙, 즉 현상이 모두 연생(緣生, paṭicca-samuppanna; 원
인, 조건이 있어서 생겨남)이라는 데서 기인한 현상이다. 연기에 의
해 형성된 모든 현상은 무상하므로, 그 현상에 의존한 채 욕망을
채우기 위해 노력한다 해도 항상 불만족으로 끝날 수밖에 없다.
요컨대 '모든 현상은 고이다(一切行苦)'라고 하는 불교의 전형적
인 표현 또한 연기라는 불교의 근본적인 세계관을 다른 말로 바
꾼 것에 지나지 않는다.

__무아(無我)

그러면 삼상의 마지막인 '무아(無我, anattan)'에 대해서는 어떨
까? 이 무아라고 하는 개념의 내실에 대해서는 제4장에서 윤회
사상과 연관하여 자세히 논하려고 하므로 여기서는 필요한 정의
만 내리고 지나간다. 경전에서는 흔히 "무아라고 하는 것은 '그
것은 내 것이 아니고 그것은 나도 아니며, 그것은 나의 아(我; 본
체, 실체)가 아니다'이다. 이와 같이 있는 그대로, 올바른 지혜를
갖고 볼 수 있어야 한다."[20]라고 말하고 있는 데서도 알 수 있듯
이 "자기의 소유물이 아니고 나 자신이 아니며, 자기의 본체이지
도 않다."라는 것이다.

그리고 "소유물도 본체도 아니다."라고 하는 문장에는 '나의 지배 아래 있지도 않고, 조절할 수 없다'는 의미가 함축되어 있다. 실제로 고따마 붓다의 설법 중에 예컨대 색(色. 신체)이 나[我]라고 한다면 그것이 병에 걸릴 리가 없고, 또 "나[私]의 색은 이와 같은 것이라거나, 이와 같아서는 안 된다."라고 명령할 수도 있을 것이라고 지적하는 내용이 있다.[21] 그러나 실제로는 그러한 명령은 할 수 없기 때문에 우리들의 몸은 제멋대로 병이 들고 제멋대로 늙는다. 그러므로 나의 신체는 "나[私]의 것이 아니고, 나[私]이지도 않으며, 나[私]의 실체[我]도 아니다."[22]라고 하는 것이다.

또한 "고는 무아(無我)이다(yaṃ dukkhaṃ tadanattā)."라고 말하는 것도 "조절할 수 없다."고 하는 '무아'의 성질과 깊이 연관되어 있다. 앞에서 '고'라는 용어는 '불만족'을 의미한다고 하였다. 다시 말하면 '생각대로 되지 않는다'는 것이다. 그와 같이 현상이 당신 생각대로 되지 않음을 인정한다면 그것은 당신의 본체도 소유물도 아니다, 라고 고따마 붓다는 설하는 것이다.

가면(假面)의 예속(隸屬)

그런데 우리들은 자기 자신을 '자유로운 행위자'로 느끼는 경우가 많다. 그래서 위와 같이 말해도 '분명히 나는 물질의 움직임까지는 지배하지 못하지만, 적어도 나의 행위에 대해서는 조절하고 있고, 분명하게 생각한 대로 행동하고 있다'고 여기는 사람이 있을지 모른다.

이 점을 설명할 때에는 18세기 철학자인 칸트의 '(실천적) 자유'와 '경향성'에 관한 이론이 참고가 될 것이다. 일상적으로 자각 없이 살고 있는 경우 우리들은 갑자기 마음에 떠오르는 욕망, 예를 들어 '카레라이스가 먹고 싶다'라든지, '사랑하는 사람과 데이트를 하고 싶다' 같은 욕구나 충동에 따라 '생각하는 대로' 하는 것을 '자유'라고 생각하기 쉽다. 그러나 칸트에 따르면 그와 같이 감각이 시키는 욕구대로 행동하는 것은 단지 인간의 '경향성'에 질질 끌려가고 있는 타율적인 상태에 불과하며, '자유'라고 부를 수는 없다.[23] 칸트는 마음에 문득 떠오르는 그 욕망에 저항하지 않고 예속되어 버리는 것이 '자의(恣意: 선택의지, Willkür)의 타율'이기 때문에 '자유'와는 별개라고 생각한 것이다.[24]

'자유'나 '경향성'이라는 말을 사용하고 있지 않지만, 기본적으로 불교에서도 동일한 내용을 말한다고 생각한다. 다소 시간을 내어 살펴보면 금방 알 수 있듯이 '마음에 문득 떠올라 오는 욕망'이란 '내〔私〕'가 조절해서 '떠오르게 하고 있는' 것이 아니다. 욕망은 언제나 어디에선가 제멋대로 찾아와서 또 제멋대로 떠나 버린다. 그래서 나의 지배하에 있는 소유물이 아니라는 의미로 '무아(無我, anattan)'이다.[25]

즉 우리들은 자신이 '생각하는 대로' 행동하고 있다고 느끼지만 실제로는 '생각' 그 자체가 '나의 것'이 아니라 단지 여러 가지 조건에 따라서 마음속에 '문득 떠올라 온 것'에 지나지 않는다.

이와 같이 '문득 떠올라 온 것', 즉 '무아'인 욕구나 충동에 따라 그 이외의 부분을 잘 모르고 하는 행동이 범부가 느끼는 '생각대로'이다. 그렇기 때문에 이를 칸트의 개념에 따라 말하면 '자유'가 아니라 단순한 '자의(恣意)적 타율', 즉 가면을 쓴 예속에 지나지 않는다고 하는 것이다.[26]

혹업고(惑業苦)

그리고 또 앞서 살펴 본 '범부에게 나쁜 버릇이 붙어 버린 이유', 즉 '범부의 마음이 번뇌에 오염된 유루인 이유'에 대해서도 이런 사정에 비추어 생각해 보면 이해할 수 있다.

수차례 되풀이한 바와 같이 모든 현상은 원인, 조건에 의해서 생긴 일시적인 것이며 거기에 실체는 존재하지 않는다. 그러므로 그 현상들은 '무아'인 것이고, '무아'도 무상이나 고와 마찬가지로 연기라고 하는 현상의 근원적인 성질의 다른 한 가지 표현에 지나지 않는다.

그리고 연생(緣生)이라는 성질은 외적인(bahiddha) 현상이든 내적인(ajjhatta) 현상이든 변함이 없다. 그렇기 때문에 '외계'의 물질이나 결과만이 아니라 우리들의 '내면'에서 느끼고 있는 의식 현상에 관해서도 원인이나 조건에 의해서 생겨나는 연기 법칙의 지배하에 있다고 하는 것이다. 앞에서 살펴본 바와 같이 우리들의 마음에는 '자신이 떠오르게 한' 것이 아닌데도 불구하고 욕망들이 '문득 떠올라 온'다. 하지만 그와 같이 '마음'이 '문득 떠올라 오는' 데에도 그 나름의 인연은 존재한다.

그러면 우리들에게 일어나는 현상을 규정하고 있는 원인이나 조건이란 무엇일까? 불교의 세계관에서는 생사윤회의 미혹 속에서 무시이래의 과거에서부터 쌓아 온 업(業) 때문이라고 말한다.

업(kamma, s. karman)을 한마디로 단순하게 번역하면 '행위' 혹은 '작용'이라고 말할 수 있다. 하지만 불교뿐만 아니라 인도 사상 전반에서 중요 개념으로서의 의의를 가지는 이 술어는 현대 일본어로 단순히 '행위' 혹은 '작용'이라고 번역하기에는 좀 더 넓은 의미를 갖는다. 인도 사상의 문맥에서 말하는 행위는, 행위를 마쳤다고 해서 완결되는 것이 아니라 이후에 그 행위로 인한 결과를 가져오는 과잉의 잠세력(潛勢力; potential)을 남긴다. 그래서 잠세력까지 포함된 '행위'나 '작용'을 '업'이라고 부른다. 그런 의미에서 '업'을 '나중에 결과를 가져오는 작용'이라고 간주하여도 그리 틀리지는 않을 것이다.

그리고 불교의 세계관에 따르면 우리들은 과거로부터 쌓아온 무량한 업의 결과로서 현재 존재하는 것이기 때문에 우리들에게는 무량한 업의 힘[業力]이 작용하고 있다. 그리고 업에는 우리들의 현존재가 무수한 행위를 반복해서 형성된 행동과 인지(認知)의 패턴, 즉 '버릇'을 형성하고 있다. 그런데 중생 일반에게 형성되어 있는 버릇은 성도 후의 고따마 붓다가 술회한 바와 같이 "욕망의 대상을 즐기고, 욕망의 대상에 매달리고, 욕망의 대상을 기뻐하는" 것이기 때문에 해탈·열반을 지향하는 고따마 붓다가 말한 교설의 '방향'과는 정반대이다. 그렇기 때문에 그러한 버릇에 의한 마음의 작용은 오염된 것으로서의 '번뇌'라고 부르고, 그와 같이 번뇌로 오염된 마음의 상태를 '유루(有漏)'라고 부른다.

경전에서는 "중생이란 업을 자신의 것이라 하고, 업의 상속자이며, 업을 모태로 하고 업을 친족으로 하며 업을 의지처로 삼는 사람이다."[27]라고도 설하고 있다. 불교의 입장에서 보면 중생은 실로 그와 같이 철저하게 업으로 조건 붙여진 사람이다. 업과 연기에 의해서 형성된 테두리[世間] 속에서 조건 지어진 욕망을 갖고 조건 지어진 욕망의 대상을 찾아내어 여기저기로 쫓아 다닌다. 코앞에 당근을 매달아 놓은 말[馬]과 같이 끝없는 '불만족'의 생을 되풀이하면서 맹목적으로 끊임없이 달려가는 것이다.

그리고 당연한 일이지만 이 '맹목적으로 계속해서 달리는' 행위[業] 그 자체에 의해서 이 사이클에는 '연료'가 끊임없이 공급된다. 그렇기 때문에 무엇인가 '흐름을 거스르는' 행위를 감히 하지 않는 한 그 작용이 저절로 멈추는 일은 있을 수가 없다.

이와 같이 중생은 번뇌[惑]와 업[業]의 작용에 의해서 고통스런[苦] 윤회적인 생존 상태에 빠진다. 그래서 불교에서는 이를 '혹업고(惑業苦)'라고 부른다. 어조도 좋으니 외워 두면 좋을지 모른다.

___사제(四諦)

우리는 앞에서 설명한 혹업고의 사이클 속에 갇혀 있다. 그런데 그 사이클에서 빠져 나올 수는 없는 것인가? 가능하다면 그 방법은 무엇인가?

물론 이미 언급한 바와 같이 고따마 붓다는 그러한 속박 상태로부터 해방되는 것이 가능하다고 했고, 그를 위한 수단도 설했다. 그 수단을 정리하여 보여 준 것이 불교의 기본이라고 하는 '사제(四諦)'설이다.

여기서 '제(諦, sacca, s. satya)'는 '진리'를 의미한다. 그러므로 '사제'는 '네 가지 진리'라고 할 수 있다. 그 각각의 내용에 대해서는 고따마 붓다가 최초의 설법(초전법륜(初轉法輪))에서 설하였는데, 다음에 해당되는 부분을 인용하였다.

그런데 비구들이여, 고(苦)의 성제(聖諦)란 이것이다. 즉 생(生)은 고(苦)이다. 노(老)는 고이다. 병(病)은 고이다. 죽음은 고이다. 원망하고 증오하는 자와 만나는 것은 고이다. 사랑하는 사람과 헤어지는 것은 고이다. 구하는 것을 얻을 수 없는 것은 고이다. 요컨대 오취온(五取蘊)은 고인 것이다.

그리고 비구들이여, 고(苦)의 집기(集起)의 성제(聖諦)란 이것이다. 즉 재생(再生)을 초래하고, 기쁨과 탐함을 따라서 처하는 곳에 따라 환희하는 갈애로서 결국은 욕애(欲愛), 유애(有愛), 무유애(無有愛)인 것이다.

그리고 비구들이여, 고(苦)의 멸진의 성제(聖諦)란 이것이다.

즉 그 갈애를 남김없이 여의어 멸진하고, 버려 버리고, 놓아 버리고, 집착이 없는 것이다.

그리고 비구들이여, 고(苦)의 멸진에 이르는 길의 성제(聖諦)란 이것이다. 그것은 즉 성스런 여덟 가지의 길로서, 즉 정견(正見), 정사(正思), 정어(正語), 정업(正業), 정명(正命), 정정진(正精進), 정념(正念), 정정(正定)이다.[28]

위의 사제 각각(고의 성제, 고의 집기의 성제, 고의 멸진의 성제, 고의 멸진에 이르는 도의 성제)을 간략하게 '고제(苦諦), 집제(集諦), 멸제(滅諦), 도제(道諦)'라고 말하는 경우가 많지만, 경전에서는 여기에 전부 '고(苦, dukkha)'라는 말이 붙어 있다. 이는 고따마 붓다의 관심이 우선 첫째로 '고(苦)라고 하는 현상에 대한 인식과 해방'에 있었음을 보여 주는 예이므로 주목해야 할 점이라고 사료된다.

각각의 내용에 대해서 말하면, 먼저 고제는 소위 말하는 '팔고(八苦)'[29]에 대해 설명하고 있다. 범부의 생은 결국 모두 고(苦)임을 가리키는 말이다. 중요한 건 마지막에 "요컨대 오취온은 고(苦)이다."[30]라고 설한 것이다. '오취온'이라고 하는 것은 중생을 구성하고 있으면서 동시에 그 집착의 대상도 되는 다섯 가지 요소 전부를 가리킨다. 그래서 고따마 붓다의 설에 따르면 적어도 범부에게 있어서는 "살고 있는 것 그 자체가 고(苦)이다."

그런데 그와 같이 "살고 있는 것 그 자체가 고(苦)이다."라고 한다면 그 원인〔集起, samudaya〕은 무엇인가? 그에 대해 말한 것이 집제다. 고따마 붓다에 의하면 고의 원인은 '갈애(渴愛, taṇhā)'이다. 그리고 그 갈애를 욕애(欲愛, kāmataṇhā), 유애(有愛, bhavataṇhā), 무유애(無有愛, vibhavataṇhā)의 세 종류로 분석하여 지적하였다.

세 번째의 멸제는 그 갈애를 남김없이 철저하게 멸진해야 함을 설한 것이다. 갈애가 고의 원인인 이상 그것을 소멸시킴으로써 고로부터의 해탈이 가능하다는 말이다.

그리고 마지막의 도제는 그 갈애의 멸진을 위한 방법을 설한 것이다. 여기에서는 '정견, 정사, 정어, 정업, 정명, 정정진, 정념, 정정'이라고 하는, 소위 말하는 '팔정도'를 제시한다.

다른 경전[31]에서는 이들의 사제에 대해서 고제는 완전히 알아야 하는(pariññeyya) 것이고, 집제는 끊어 버려져야만 하는(pahātabba) 것이고, 멸제는 실현되어야만 하는(sacchikātabba) 것이며, 도제는 갈고 닦아야 하는(bhāvetabba) 것이라고 설한다. 즉 자신의 고통스런 현상을 철저하게 이해한 다음 팔정도를 갈고 닦아서 고의 원인인 갈애를 끊어 버리고 해탈·열반을 실현하는 것이 불설의 기본 구조이다.

이미 언급한 바와 같이 고따마 붓다는 이 사제설을 초전법륜 때부터 설하기 시작하여 이후 45년간의 전법 과정에서 기본적으로 똑같은 내용을 펼쳐 가면서 지속적으로 반복해 설하였다. 즉 불설의 기본이란 생각건대 이 사제라고 하는 것이고, 적어도 고따마 붓다의 불교를 이해하려고 하는 행위는 궁극적으로는 이 사제의 내실을 이론적으로나 실천적으로 깨달아 알려고 하는 노력으로 귀착한다고 할 수 있다.

___불설(佛說)의 매력

본 장에서는 그 시도를 위해서 우선 불교의 세계관이건 수도론(修道論)이건 그 모두를 성립하게 하는 이론적 기반인 연기설과 그로부터 비롯된 중생의 '고(苦)'라는 존재 상태의 내실을 중심으로 설명하였다.

중생이 업과 번뇌라는 조건에 묶여서 윤회와 같은 괴로운 생존 상태에 빠져 있는 것도, 거기에서 갈애라고 하는 원인을 멸진하면 해탈에 이를 수 있다는 것도 모두 "사물이란 원인과 조건이 있어서 생기(生起)한다."고 하는 연기의 법칙에 바탕을 둔 이야기이다. "연기를 보는 자는 법을 본다."라고 말할 정도로 이 설이 불교에서 중시되고 있는 것은 그 때문이다.

그리고 이 점과 관련하여 마지막으로 부언해 두고 싶은 것이 있다. 고따마 붓다의 교설은 종종 오해를 받듯 "윤회적 생존은 고(苦)이기 때문에 해탈하자."고 설한 것(만)은 아니라는 점이다.

앞에서 잠깐 언급하였지만, 당시 인도의 종교인, 수행자들에게 있어서 이 윤회적 생존 상태에 머문다는 건 결코 바람직한 일이 아니었다. 그래서 가능하다면 그 상태에서 빠져 나가고 싶다는 문제의식 자체는 많이 공유되고 있었다.

그러면 고따마 붓다의 교설이 새로우면서도 제자들에게 매력적이었던 포인트는 무엇이었을까? 바로 붓다가 중생의 고(苦)라고 하는 존재의 모습을 철저하게 분석한 다음, 고(苦)가 원인 때문에 생기는 필연적인 결과이기는 해도 해탈이 결코 불가능하지는 않다는 결론을 내렸다는 점, 그리고 "나(붓다)는 그 원인을 찾아내어 근절할 수 있었다. 나는 그 방법을 그대들에게 가르쳐 줄 수 있으며, 그대로 한다면 그대들 역시 반드시 나와 똑같이 될 수 있다."고 분명하게 말하였고, 또 그 말이 진실이라는 것을 이미 붓다의 전인격(全人格)을 통해 대면하는 사람들에게 납득시킬 수 있었다는 점이다. 이것이야말로 붓다의 교설이 많은 사람들의 관심을 불러일으킨 이유이고, 그 교설은 본 장에서도 이미 살펴 본 법신게 속에 요약해서 표현된 내용과 같다.

___다음 장으로의 이행

이상으로 본 장에서는 연기설을 중심으로 해서 불설의 기본 구조에 대해서 살펴보았다. 그리고 그 단적인 요약이라고 할 수 있는 사제설에 대해서도 소개하였다.

다음 제3장에서는 불교에서의 선악 문제, 그리고 그러한 구분이 의미하는 바에 대해서 검토하고자 한다. 바로 앞에서 확인한 바와 같이, 도제의 내용이 곧 '팔정도'라고 하지만 그와 같이 말할 수 있는 '정사(正邪)'의 기준, 즉 불교의 가치판단 기준을 명확하게 할 수 없으면 그 실천의 의미에 대해서도 명확하게 밝힐 수 없는 건 당연하기 때문이다.

제 3 장

'탈선악(脫善惡)'의
윤리

: 불교에서의 선과 악

○ 무릇 나쁜 일을 하지 마라

좋은 일을 행하고

자기의 마음을 깨끗하게 하는 것

이것이 제불(諸佛)의 가르침이다.[1]

… 칠불통계게(七佛通戒偈)

__명상으로 인격이 좋아지지는 않는다?

미얀마에는 명상센터(meditation center)라고 하는 시설이 전국에 여러 군데 있다. 센터라고 해도 실제로는 스님이 주요 직책을 맡고 있는 사원이지만, 그중에서도 출가·재가를 불문하고 다양한 희망자(특히 외국인)를 받아들여, 의식주를 제공해 주면서[2] 명상을 지도할 수 있는 준비가 되어 있는 시설을 그렇게 부른다.

체류 비용은 재가자라면 임의로 보시를 해도 상관없지만, 출가자의 경우에는 전혀 필요가 없다. 대부분 해당 지역 사람들의 기부를 받아 운영되고 있고, 수행을 제대로 할 마음이 있으면 출가자이건 재가자이건 일단은 생활에 대한 걱정 없이 연(年) 단위로 명상에 집중하는 생활을 할 수 있도록 허락을 받는다. 불교 신앙과 보시의 문화가 뿌리내린 상좌부권의 나라이기 때문에 운영이 가능한, 대단히 귀중한 시설이다.

그런데 그와 같은 명상센터 중 하나이자 국제적으로도 아주 유명한 대규모의 삼림 사원을 방문했을 때 아주 인상적인 경험을 했다. 이미 7년 이상 그곳에 체류하고 있다는 고참 일본인 스님이 계신다고 해서 인사하러 갔는데, 그 스님이 나에게 꺼낸 첫 말씀이 "여기서 명상을 해도 인격은 좋아지지 않아요."였다.

내가 인격 운운하는 이야기를 꺼낸 것도 아닌데, 정말로 갑자기 그렇게 말씀하셔서 무척 놀랐다. 아마 명상센터에서 계속 생활을 하는 가운데 여러 가지 느끼는 바가 있었을 것이라 생각된다. 실제로 나도 그 센터에서 5개월 정도 체류하면서 그 스님이 무엇을 보고 그렇게 말씀했는지 어느 정도는 납득이 되었다.

오늘날 일본에서는 옴진리교 사건에 대한 기억은 희미해져가고, 또 테라와다나 티베트불교에 대한 관심이 높아지고 있는 등 영적인(spiritual) 실천으로서 명상에 대한 관심이 증가하는 추세인 것 같다.

다만 그러한 관심 가운데에는 명상의 실천을 통해 '머리가 좋아진다'든지 '인간관계가 원활해진다'는 '실생활에 도움이 되는'

것을 바라는 마음이 어느 정도 내포되어 있으리라 생각한다. 물론 '도움이 되지 않는' 것을 애써 행하고 싶어 하는 사람은 드물 테니 그 자체는 당연한 일이다. 하지만 그러한 동기로 명상을 하려는 사람들의 편에서 보면 '명상을 해도 인격은 좋아지지 않는다'고 하는 스님의 이야기는 다소 충격적으로 받아들여질지도 모를 일이다.

___ 선(善)도 악(惡)도 버리기

'명상(瞑想, meditation, contemplation)'이라고 한마디로 말해도 그 종류는 다양하다. 테라와다의 사마타나 위빠사나[3]는 물론이고, 티베트불교 역시 독자적인 명상법을 가지고 있다. 선(禪)이나 요가도 명상의 한 종류이며, 기독교에도 명상이라고 부를 수 있는 실천법이 존재한다. 각각의 명상에는 제각기의 목적과 방법이 있으며, 그중에는 '인격을 좋게 하는' 효과가 있는 것도 있을 것이다. 예를 들면 테라와다에서 말하는 자애 명상(mettābhāvanā)[4]이 그러한 종류의 것이라 할 수 있다.

그러나 고따마 붓다의 불교에서 추구하는 목표인 해탈·열반을 얻기 위한 명상법 – 예컨대 테라와다로 말하면 위빠사나 – 은 직접적인 결과로서 세속적으로 도움이 된다거나 인격이 좋아지는 일은 없으며, 또한 원리를 봐도 그렇게 되기를 기대할 수 없다. 제1장에서 살펴본 바와 같이 고따마 붓다의 불교는 우리들 현대의 일본인이 통상적으로 생각하는 것과 같은 '인간으로서 바르게 사는 길'을 설한 게 아니다. 오히려 사회 유지에 없어서는 안 될 노동과 생식을 부정하고, 애초부터 그 전제가 되는 '인간'이라든가 '올바르다'든가 하는 이야기들을 파괴하는 작용을 한다. 갈애를 완전히 소멸하고 아라한이 된 야사가 '비속(卑俗)의 세상으로 돌아갈' 수 없게 되었다는 경전 내용에서도 알 수 있듯이, 해탈이란 속세간의 바탕이 되어 작용하는, 애집(愛執)이 만들어 내는 모든 이야깃거리〔物語〕로부터의 해방이다.[5]

그리고 제2장에서 설명한 바와 같이 불교의 세계관으로 본다면 그러한 이야기는 원인이나 조건에 따라 일어난 일시적인 현상으로서 형성된 것(緣生의 것)에 불과하기 때문에 그러한 개념을 근거로 하여 형성되는 '선악'의 기준 역시 조건이 변하면 그때그때 바뀐다. 저속하지만 알기 쉬운 예를 들자면 평시에 한 사람을 죽이면 중죄인이지만 전시(戰時)에 백 명을 죽이면 영웅이 된다는 말과 같은 뜻이다. '인격'에 대해서도 마찬가지이다. 어떠한 인격이 '좋다'고 하고 어떠한 인격이 '나쁘다'고 하는지는 그 상황의 문맥, 다시 말해서 그곳에 있는 사람들이 공유하고 있는 이야깃거리에 따라 바뀐다. 그와 같은 무상한 이야기에 자신을 최적화시키기 위해 끝없는 불만족의 사이클에 끊임없이 휘말려 드는 상황에서 해탈하는 것이 고따마 붓다의 불교가 다다르고자 하는 목표이기 때문에 그 목표를 향해 가는 수행자는 당연히 세속적인 의미의 '선악'에 대해 지체 없이 거리를 두게 될 것이다.

요컨대, '선과 악'이라고 하는 구분은 기본적으로는 이야깃거리의 세계에 속하고, 해탈이란 애집이 만들어 내는 모든 이야기에서 해방되는 것이므로 통상적으로 그 경지에는 우리들이 상정하는 것과 같은 '선'도 '악'도 있을 수 없다는 뜻이다.

『담마빠다』에 "마음은 번뇌에 물들지 않고, 생각은 흐트러지지 않으며, 선도 악도 버려 버리고 깨어 있는 사람에게 있어서 두려운 것은 존재하지 않는다."[6]라고 하는 유명한 게가 있는데, 이 게의 내용 역시 이러한 사정에 의한 것이다.

___명상은 도움이 되지 않는다

일본에서는 대승불교의 영향 때문에 '깨달음'이라고 하면 원만한 인격 완성자로서의 부처님이 얻은 깨달음의 이미지가 강하다. 그렇기 때문에 해탈·열반을 증득한 사람은 동시에 세속적인 의미에서도 잘못하는 게 없는 선량한 사람이고, 또 일상적인 행동 면에서도 변변찮은 부분은 전혀 없다고 생각하는 이가 많을지도 모른다.

하지만 적어도 고따마 붓다가 지시한 목표를 향해 수행하거나 수행한 사람들에 대해서 말할 경우에는 반드시 그렇다고 할 수 없다. 위에서 말한 대로 해탈·열반을 목적으로 하는 실천은 '도움이 된다'거나 '인격이 좋아진다'거나 하는 '이야깃거리 가운데 능숙하게 기능하기'를 바라는 관점에서 가능한 한 거리를 두는 것이 그 본래 취지이기 때문이다.

물론 고따마 붓다의 불교에서도 세속적인 의미에서의 선행을 적극적으로 권장한다. 또 일상적인 행동 면에서 보아도 불교도라면 계율을 따르기 때문에 교리적으로 정해진 행위 규범을 준수하는 한[7] 수행자의 행위가 사회적인 '악'이 되는 일은 없다.

그러나 사회적인 '악'을 행하지 않으며 비난의 대상이 되지 않는다는 것과 다른 사람의 입장에서 볼 때 인격이 '훌륭하고' 일상적인 생활 속에서 '도움이 되는' 것이 반드시 같은 건 아니다. 실제로 명상을 실천하고 오랜 기간 수행하여 일정한 경지에 도달한 사람일지라도 사회적인 의미에서 '훌륭하고', '도움이 되는' 인물인지 어떤지는 결국 그 사람의 본래 성격이나 능력, 그리고 '이야깃거리 가운데 능숙하게 기능하기' 위해서 의식적으로 행해 온 훈련의 정도에 달려 있는 경우가 대부분이다.

해탈·열반을 지향하는 명상의 본성을 생각해 본다면 이러한 내용은 원리적으로 당연한 일이고 이상할 일은 아무것도 없다. 다만 현대 일본에서 명상을 권장하는 사람들 가운데에는 '명상을 하면 인격이 좋아지고 일상생활도 나아진다'고 그 '효능'을 설명하고, 그렇게 되지 않는다고 하면 명상하는 방법이 잘못된 것이라며 마치 명상이 만능 처방전이라는 듯 말하는 사람도 있다. 그러한 말들은 해탈·열반으로 이끄는 명상에 대한 기본적인 오해에서 비롯된 것이므로 주의하지 않으면 안 된다고 본다.[8]

___십선십악(十善十惡)

이와 같이 해탈·열반으로 향하는 실천 자체는 '선도, 악도 버려 버리는 것', 말하자면 '무선무악(無善無惡)'을 지향한다. 그러면 고따마 붓다의 불교는 "선을 행하고 악을 버린다(爲善去惡)."라고는 설하지 않는가? 물론 그런 일은 없다. 예를 들어서 본 장 앞부분에 인용한 칠불통계게(七佛通戒偈: 과거 7불(佛)이 공통적으로 훈계하는 게송)는 불교 사상을 하나의 게로 요약한 것으로, 현재에 이르기까지 종파를 불문하고 설법을 할 때 계속 참조되고 있다. 그리고 거기에서 설하고 있는 바와 같이 "악을 행하지 않고 선을 행할 것"은 고타마 붓다 이후 불교인 전체에게 요구되는 기본적인 덕목이기 때문에 불교가 윤리적인 성질을 강하게 지닌 종교라고 일반적으로 여겨지는 것이다.

그렇다면 여기에서 말하는 '선/악'이란 구체적으로 무엇이며, '무선무악'이라는 해탈·열반과는 어떠한 관계가 있는가? 다음으로 이에 대해 생각해 보기로 하겠다.

먼저 초기경전 안에서 선(kusala)과 악(akusala)의 정의를 살펴보자. 이에 대해서는 소위 십선(十善)과 십악(十惡)이라고 하는 구체적인 열 가지 덕목을 나열하는 것이 정형적인 설명이다.[9] 먼저 열 가지 악을 소개하면 다음과 같다.

(1) 살생(殺生, pāṇatipāta)

(2) 투도(偸盗, adinnādāna)

(3) 사음(邪淫, kāmesumicchācāra)

(4) 망어(妄語, musāvāda)

(5) 양설(兩舌, pisuṇāvācā)

(6) 악구(惡口, pharusāvācā)

(7) 기어(綺語, samphappalāpa)

(8) 탐욕(貪慾, abhijjhā)

(9) 진에(瞋恚, byāpāda)

(10) 사견(邪見, micchādiṭṭhi)

이 가운데 (1)부터 (3)까지는 몸〔身〕으로 짓는 악업이고, (4) 부터 (7)까지는 입〔口〕으로 짓는 악업, 그리고 (8)부터 (10)은 뜻 〔意〕으로 짓는 악업이다. 신(몸, 身), 구(입, 口), 의(뜻, 意)의 세 가지 작용에 의해서 이루어지는 악업을 망라한 것이다. 그리고 열 가지 선은 이 열 가지 악에 부정형(否定形)을 붙인 것으로, '불살생(不殺生), 불투도(不偸盜), 불사음(不邪淫), 불망어(不妄語), 불양설(不兩舌), 불악구(不惡口), 불기어(不綺語), 불탐(不貪), 불진(不瞋), 정견(正見)'이다. 요컨대 열 가지 악을 저지르지 않는 것이 열 가지 선이라는 뜻이다.

열 가지 악 가운데 살생이란 글자 그대로의 행위이다. 투도란 훔치는 행위이며, 사음이란 불륜을 말한다. 망어는 거짓말, 양설은 남을 이간질 시키는 중상(中傷), 악구는 남에게 상처를 주는 거친 말이고, 기어는 쓸데없이 수다를 떠는 것이다. 그리고 탐욕은 심하게 탐하기, 진에는 강한 분노를 말하며, 마지막으로 사견이란 (불교적으로) 잘못된 견해를 갖고 있는 것을 말한다.

이러한 열 가지 악 중 대부분이 현대 일본 사회에서 벌어져도 부도덕한 것으로 간주되는 행위이고, 이 열 가지 악을 피하는 열 가지 선을 실천하면 대체로 '선한 사람〔善人〕'으로 통한다. 그러한 의미에서 보면 십선과 십악은 현대 사회에서도 충분히 통용될 윤리 규범인 것이다.

___선인낙과(善因樂果) 악인고과(惡因苦果)

그런데 십선과 십악은 하나하나의 덕목을 열거한 데 불과하기 때문에 이것만으로는 '선/악'을 판정하는 일반적인 원칙이 무엇인지에 대해서는 잘 알 수 없다.

그래서 후대의 교학에서는 그 점을 보완하여 선이란 행위자에게 낙(樂, sukha)의 결과를 가져다주는 것이며, 악은 행위자에게 고(苦, dukkha)의 결과를 초래하는 것이라고 정의한다.[10] '선인낙과(善因樂果) 악인고과(惡因苦果)'라는 유명한 불교 용어가 이 원칙을 표현한 말이다.

물론 선을 행하였다고 해서 행위자가 금방 낙(樂, 행복)을 얻게 되는 것도 아니고, 악을 행한다고 해서 곧바로 고(苦, 불행)에 빠지는 것도 아니라는 점은 우리들 모두 잘 알고 있다. 다만 제2장에서도 다룬 바와 같이 불교에서는 업과 윤회의 세계관을 기본으로 하기 때문에 선악의 행위는 업으로서 행위 후 결과를 초래하는 잠세력(潛勢力)을 남긴다. 이 잠세력은 언젠가 반드시 발현(發現)하기 때문에 행위자는 자신의 행위가 초래하는 결과를 윤회전생의 과정 속 언젠가 고락의 감수(感受)로서 떠맡지 않을 수 없다. 현대 일본에서 일상적으로 사용하는 표현인 '자업자득'이라는 말도 원래는 불교용어로, 이러한 사정을 보여 주는 말이다.

___소박한 공리주의(公利主義)

이렇게 행위자에게 낙(樂)이라는 결과를 가져다주는 것이 선(善)이고 고(苦)라는 결과를 가져다주는 것은 악(惡)이라는 불교의 윤리관을 소박한 말로 표현하면 '공리주의'에 속한다 할 수 있다. 그리고 그 자체는 불교의 기본적인 입장에서 보면 원리적으로 당연히 그렇게 되어야 할 것이기 때문에 특별히 이상하지 않다.

이미 언급한 바와 같이 고따마 붓다의 불교의 궁극적인 목표인 해탈·열반은 "선도, 악도 버려 버린" 후에야 도달할 수 있는 고통으로부터 해방된 경지이기 때문에 "열반은 최상의 낙이다."[11]라고 말한다. 제1장에서 언급하였던 고따마 붓다가 설법을 주저한 사정을 통해서 유추할 수 있듯이 붓다의 교설이 첫 번째로 지향한 것은 재능〔機根〕이 있는 개인을 고통스런 생존 상태에서 해탈시키는 것이지, 세계나 사람들을 윤리적으로 선하게 하는 것이 아니기 때문에 이러한 입장은 당연하다.

다만 "선도 악도 버려 버린다."라는 것이 '선과도 악과도 관계가 없는, 그러한 이야깃거리로부터 벗어난 경지'를 궁극적 목표로 하는 이상, 불교의 윤리관에서는 수행자가 일상 행위에서 '선'을 지향하는 것을 제지하지 않는다. 즉 고따마 붓다의 불교의 궁극적인 목표는 '탈선악(脫善惡)'이지, '반선악(反善惡)'이 아니므로 열반을 지향하는 실천에 장애가 되지 않는 한 자타에게 '낙(樂)'을 가져다주는 '선'한 행위를 적극적으로 권장해도 상관이 없는 것이다.

불교의 본질은 '탈선악'이지, '반선악'이 아니라는 점이 불교 윤리관을 이해하는 데 있어서 매우 중요한 포인트다. 선악을 부정하는(이 또한 구애받음의 일종이다) 것이 아니라, 거기에서 초탈(超脫)한 경지를 지향하는 이상 수행자가 일상의 (즉 '세간(世間)'의 범위 내에서의) 행동에서 선을 행하는 것을 부정할 이유는 없다. 하지만 '자업자득'이라고 하는 불교의 세계관에 따라 보면 악한 행위는 수행자에게 고통의 결과를 뒤따르게 하므로 고통으로부터의 해탈을 구하는 불교인이라면 악한 행위를 피할 이유는 있다.

실제로 한 개인이 바로 눈앞의 욕심에 끌려서 살생이나 도둑질이라는 악을 저질렀을 때 불교의 세계관에 따르면 그 사람에게 좋을 건 아무것도 없다. 한순간의 욕망은 충족하였지만 이후에 고통스런 결과만이 기다리고 있으며, 너무 괴로운 나머지 해탈에 이르는 실천을 하는 것도 의심스러워져서 결국 열반이라는 '최상의 낙'에서 멀어지게 된다. 실로 '선인낙과(善因樂果) 악인고과(惡因苦果)'라고 할 수 있다. 이처럼 어느 의미에서는 소박한 공리주의에 근거하여 '나쁜 짓은 당신에게 불행을 가져다주고, 착한 일은 당신에게 행복을 가져다주기 때문에 악을 행하지 말고 선을 행하라'고 권하는 것이 불교 윤리의 기본이다.

___유루선(有漏善)과 무루선(無漏善)

다만 그러한 세속적 의미에서의 선악 – 다시 말해서 훗날 감각적인 쾌락을 얻고 싶다고 하는 번뇌, 혹은 이야깃거리에서 기인한 선악 – 을 초월한 곳에 존재하는 '최상의 낙', 즉 열반만이 '상선(上善)'이나 '지선(至善)'이라고 여기는 건 기호에 따라 자유이다. 실제로 후대 교학에서는 전자를 추구하는 세속적인 선을 '유루선(有漏善, 번뇌의 영향을 받는 선)'이라 하고, 후자를 지향하는 초속적(超俗的)인 선을 '무루선(無漏善, 번뇌의 영향을 받지 않는 선)'

으로 분류하기도 한다.

그러나 이 '유루선'과 '무루선'은 똑같이 '선'이라는 이름은 붙어 있어도, 그 기본적인 성질이 다르다는 점을 다시 한 번 확인해 두지 않으면 안 된다. 전자는 갈애를 바탕으로 한 이야깃거리 세계 속에서 능숙하게 기능함으로써 감각적인 낙(행복)을 얻는 것을 목적으로 하는 '선'이고, 후자는 그러한 문맥에서 완전히 벗어나 결정적으로는 해탈하는 '최고의 낙'을 얻는 것으로 이어지는 '선'이기 때문이다.

그리고 고따마 붓다의 불교에서는 후자인 '무루선'의 실천이야말로 첫째의 당위(當爲)이고, 전자인 '유루선'의 실천은 그에 비하면 부차적인 위치에 놓여 있다. 테라와다 승려들이 '칠불통계게'에 관한 설법을 하면 흔히 이 게에서 가장 중요한 건 제3구절인 "자기의 마음을 깨끗하게 하는 것"이고, "악을 저지르지 말고 선을 행하는 것"은 그를 위한 기초라고 말한다. 이러한 설법역시 고따마 붓다의 그와 같은 태도를 배경으로 하여 전해지는 것이라고 생각된다.

___사회와 대립하지 않기 위한 '율(律)'

그리고 '선악'에 대한 고따마 붓다의 태도는 승가(僧伽:승려 집단)의 규칙인 율에서도 잘 드러난다. 불교학자인 사사키 시즈카 (佐々木閑)는 율(律)에 대해 "무산자(無産者: 승려) 집단이 사람들 에게 '이 사람에게라면 보시해도 좋다'고 경의를 받아 가면서 활 동을 계속하는 데 필요한, '승려로서의 보기 좋은 모습'을 유지 하기 위한 행동 매뉴얼이다."라는 취지로 설명한다.[12] 사사키 시 즈카의 이러한 정의는 율의 성질을 매우 잘 표현한 것이다.

제1장에서도 설명한 바와 같이 출가자란 노동과 생식을 행하 지 않는 무산자이며, 그들의 집단이 승가(僧伽)이다. 그들이 수행 생활을 유지하기 위해서는 재가자들의 선의에서 나오는 원조가 불가피하다. 그렇기 때문에 그들에게서 비난을 받지 않고 가능 한 한 호의를 유지할 필요가 있다. 세속적 선인 유루선의 실천을 게을리 하여 재가자들에게 '그들에게는 보시를 할 가치가 없다' 고 여겨지게 되면 승가는 수행 생활을 꾸려 나갈 수 없게 되고, 그렇게 되면 무루선을 추구하는 건 불가능해진다.

그래서 율의 규정에서는 재가자들의 비판에 대해 민감하게 반응한 구절들을 많이 볼 수 있다. 예를 들어 고따마 붓다가 출 가할 때 부모의 허락을 받지 않고 처자를 버리고 나왔다는 내용 은 잘 알려져 있다. 이는 열반을 추구한 행위이므로 불교 원리 적 입장에서 가치판단을 하면 무루선의 행위라 할 수 있다. 하지만 현대 일본인의 가치관을 기준으로 보면 자신의 목적을 위해서 처자를 버리는 행위는 윤리적으로 보이지 않는 경우가 많다. 고따마 붓다의 아버지 숫도다나 역시 상당히 힘든 마음을 표현하였다는 내용을 이미 제1장에서 살펴보았다. 그래서 고따마 붓다는 숫도다나의 항의를 받아들여 출가할 경우 부모의 허락을 받아야 함을 필수 조건으로 정하였다. 물론 붓다 자신은 이를 지키지 못했지만 그러한 룰을 정하지 않고 본인이 희망한다고 해서 주위의 동의 없이 계속 재가자를 출가시켰다면 사회와의 갈등을 피할 수 없었을 것이다. 이는 옴진리교의 예를 통해서도 알수 있다. 2,500년의 시간을 거쳐 지금도 세계 각지에 불교 승가가 남아 있는 것은 이와 같이 절대로 세속과 대립하지 않도록 배려하면서 정해진 율의 효과 덕분이다.[13]

'탈선악(脫善惡)'의 윤리

그리고 그러한 까닭으로 불교의 윤리규범은 일종의 '이중구조'를 지니게 된다. 되풀이해서 언급되고 있듯이 고따마 붓다의 불교에 있어서 최고의 가치는 열반이며, 이를 지향하는 것은 불교의 가치 범주에서 보면 최상의 '선'이라고도 말할 수 있다. 하지만 해탈·열반의 경지는 세속적인 의미에서의 선과 악을 모두 버린 곳에 있기 때문에 이를 통해 속세에서의 선악 기준, 즉 윤리 규범을 직접적으로 가르치는 것은 불가능하다. 그러므로 불교에서는 이야깃거리의 세계인 세간(世間, loka)에서 하는 일상적인 행동에 관해서는 소박한 공리주의로, 승가의 경우에는 사회로부터 비난을 받지 않는 것을 기준으로 선악을 정하였다. 그렇게 함으로써 신도들이 세속적 의미의 행복을 누리고 사회 속에서 살아남도록 담보해 왔던 것이다.

불교의 윤리 사상은 이와 같이 '탈선악'의 풍광을 근저에 유지하고 있다. 그래서 세속 윤리에 관해 좋게 말하면 유연하고, 나쁘게 말하면 느슨한 성질을 갖는다. 스즈키 다이세츠(鈴木大拙)는 선불교(禪佛教)에 대해 "이것은 아나키즘(anarchism, 무정부주의)과도, 파시즘(fascism)과도, 공산주의와도, 민주주의와도, 무신론과도, 관념론과도, 그 외 어떠한 정치적, 경제적 도그마와도 결부될 수 있다."[14]라고 말한다. 이 말이 반드시 선(禪)에 국한되는 건 아니다. 일반적으로 불교는 사회의 독단적인 이론(도그마)이나 통치 권력과 대립하는 일이 비교적 적으며, 오히려 은연중에 당당하게 적응하여 보호를 받으며 오랜 기간 존속해 오고 있다.

이와 같은 불교 윤리에 관한 태도에 대해서는 다양한 의견이 있을 수 있다. 그렇지만 적어도 나는 고따마 붓다의 불교가 추구하는 첫 번째 목표가 '무선무악'의 열반에 있는 이상, "그 외의 것에 대해서는 사회에서 알력을 일으키지 않을 정도로 적당하게"라는 자세를 취하는 건 종교로서 커다란 문제가 없다고 생각한다. 불교가 독자적이고 고정적인 윤리 기준을 가지고 사회를 엄격하게 비판하는 세력이었다면 무산자 집단이 사람들의 호의에 의존하여 원조를 바탕으로 "선도 악도 버려 버린" 경지를 추구하는 일이 허용되는, 새삼스레 생각해 보면 기적적인 이 제도가 2,500년이나 유지될 리 없다고 생각하기 때문이다.

다만 이 이야기는 어디까지나 '출세간'이면서 '무선무악'인 열반의 증득을 궁극적인 목적으로 하고, '그 이외의 것'은 부차적인 위치에 두는 고따마 붓다의 불교의 핵심에 입각한 의견이다. '세간'에서의 방편행을 '출세간'으로의 초탈(超脫)과 동등하게, 혹은 그 이상의 가치를 부여한 불교 종파가 있었다면 그 종파에서 세속 윤리를 취급하는 방법은 고따마 붓다의 불교에서보다 훨씬 엄격하지 않으면 안 되었을 것이다.

이 문제는 '참여불교(Engaged Buddhism)'[15] 운동과 관련되어 있기도 하고 현대불교의 최대 관심 영역이기도 하지만 이 책에서는 주제로 다루지 않는다. 다만 이러한 종류의 문제를 고려하는 데 있어서 지나칠 수 없는, 불교라는 종교의 근원적인 성질에 대해서는 이 책 전체의 서술을 통해서 이해할 수 있을 것이다.

___다음 장으로의 이행

본 장에서는 고따마 붓다의 불교에서는 궁극적인 가치가 열반에 있고 열반이 '무선무악'의 것인 이상, 세속에 있어서의 선악을 문제로 하는 윤리 사상은 중요하기는 해도 부차적인 위치에 놓인다는 점에 대해 논하였다.

그렇다면 예를 들어 '자비'와 같이 높은 윤리적 가치를 갖고 있다는 불교 사상도 단지 소박한 공리주의에서 채용하였을 뿐, 고따마 붓다의 불교의 궁극적인 가치와는 관련이 없는 것인가? 나는 반드시 그렇지는 않다고 생각한다. 하지만 열반의 성질을 이해하지 않고서는 이에 대해 말할 수 없기 때문에 제7장에서 다시 다루도록 하겠다.

윤리에 대해 생각하는 데 있어서 중요한 또 한 가지 문제는 자유 의지와 그 주체이다. 제2장에서도 어느 정도 다룬 바 있지만, 선한 행위나 악한 행위가 가능해지고 '자업자득'이 성립되기 위해서는 정도의 차이는 있겠지만 무엇인가 순수한 '자유'가 존재하고, 그 자유를 행사하는 '주체'가 없어서는 안 된다. 그러나 불교에서는 일반적으로 '무아'라고 설한다. 둘 사이의 모순은 어떻게 조정되어야 하는 것인가.

다음 장에서는 이 '무아'라고 하는 불교 기본 교리의 내실을 해명한 다음 그와 관련하여 누차 문제가 되고 있는 윤회 사상의 구조에 대해 해설하고, 이어서 불교에 있어서 '자유'의 존재 가능성에 대해서도 고찰해 보고자 한다.

제 4 장

'있다' 고도 '없다' 고도
말하지 않고

: '무아(無我)'와 윤회

○   수많은 생(生)을 건너 나는 윤회를 편력해 왔네.

집을 짓는 사람을 찾으면서도 그것을 찾아내지 못하고

생을 몇 번이나 거듭하는 것은 괴로운 일이다.

집을 짓는 사람이여, 그대는 나타났다.

이미 그대가 집을 지을 일은 없네.

서까래는 모두 꺾이고 마룻대는 파괴되고 말았네.

마음은 조건이 된 현상을 떠나 갈애의 괴멸에 이르고 있네.[1]

… 『담마빠다』

'무아(無我)'라고 말은 하지만

'무아(無我, anattan, s. anātman)'는 불교의 기본 교리라고 말한다. 그러나 동시에 무아는 불교사 내내 항상 의론의 과녁이 되어 왔고, 오늘날에도 여전히 많은 실천자와 학습자를 혼란스럽게 하는 개념이다.

우선 첫째로, '무아'라고 말한다 하더라도 현실적으로 우리들은 한 사람 한 사람이 각기 다른 몸을 갖고 있고, 그렇기 때문에 인지하는 세계 또한 각각 다르다. 몸이 놓여 있는 위치가 다른 이상 나의 눈으로 받아들이는 세계와 당신의 눈으로 받아들이는 세계는 당연히 다르고, 그에 대해 품게 되는 생각 역시 각자의 '내면'에 제각기의 방법으로 전개된다. 기본적으로 그 다른 생각이 서로 혼합되는 일은 없다. 그리고 그러한 의미에서의 '개체성'은 아무리 오랫동안 수행을 한 스님이라도 계속 유지된다고 여겨지기 때문에 그들이 '무아'라고 주장을 해도 "아닙니다! '당신'은 존재하고 있지 않습니까?"라고 말하고 싶어진다.

더욱 문제가 되는 것은 '무-아(無-我, an-attan)'라고 말했을 고따마 붓다가 다른 문맥에서는 그 '아(我, attan, 자기)'를 적극적으로 긍정하는 것처럼 보인다는 점이다. 예컨대 "자기[己]야말로 자기의 주인이다."²라는 말은 『담마빠다』에 등장해서 유명해진 말이고, 『대반열반경』에 등장하는 "자신을 섬[島]으로 삼고 자신을 의지처로 하고, 남을 의지처로 하지 않으며, 법을 섬으로 삼고 법을 의지처로 하며, 남을 의지처로 삼지 말라."³라는 말은 붓다의 유언으로 인구에 널리 회자되고 있다. 그렇게 "자기 자신을 대상으로 하라."고 설하면서 동시에 '무아'라고 주장한 건 도대체 무슨 뜻이란 말인가?

앞 장 말미에서도 살펴본 바와 같이 불교에서 윤리적 행위를 권장하고 있는 이상 '행위자'에게는 일정한 '자유'가 담보되어 있지 않으면 안 되고, '자업자득'이라고 설하는 이상 행위의 결과를 떠맡을 '주체'도 필요하다. 그리고 그 '주체'가 윤회전생의 과정을 통해서 존속하게 될 것이라고 생각하면 '무아'라는 개념은 있을 수 없는 일처럼 여겨진다.

이와 같이 '무아'라고 하는 개념에는 다양한 모순이 포함되어 있다고 생각되기 때문에 무아에 어울리지 않는 윤회설을 고따마 붓다가 설했을 리 없다고 하는 오해도 생기게 되었다. 그러나 내 입장에서는 이러한 다양한 모순을 지적하는 어느 쪽도 '아(我)'와 '무아(無我)'의 성질을 적절하게 정리하여 확실하게 파악하지 못해서 생긴 외관상의 것에 지나지 않는다고 생각한다. 따라서 본 장에서는 이 점을 분명히 해 두고자 한다.

___ '무아(無我)'의 '아(我)'는 '상일주재(常一主宰)'

이 문제를 생각할 때 첫 번째로 확인해 두어야 할 점은 '무아'라고 할 때에 고따마 붓다가 부정한 건 '상일주재(常一主宰)'의 '실체아(實體我)'라는 것이다. 이 점이 기본적인 내용임에도 불구하고 종종 간과되는 경우가 있다.

'상일주재'란 글자 그대로 상주(常住)이고 단일(單一)이며 컨트롤 하는 권능(權能)을 가진(주재하는) 것을 말한다. 고따마 붓다 당시의 종교인, 수행자들은 이와 같은 실체적인 아(我)를 주된 문제로 삼고 이를 밝혀내고자 하였다. '무아'라고 말함으로써 고따마 붓다가 부정한 것은 그러한 의미에서의 실체아, 보다 정확히 말해서 실체아를 문제로 삼았던 당시의 문맥[4]이었다.

제2장에서 확인한 바와 같이 불교의 기본적인 입장이란 모든 현상은 연생(緣生)이고, 따라서 제행은 무상이라는 것이었다. 그러므로 이 세계(loka)에서 우리들이 인지할 수 있는 현상은 모두 무상이며, 그렇기 때문에 현상의 어느 쪽을 취하든 상일주재라는 의미에서의 '아(我)'는 있을 수가 없다. 이와 마찬가지로, 제2장에서 본 "늙는다거나, 병에 걸린다거나, 멋대로 변하는 것은 아(我)가 아니다."라고 하는 고따마 붓다의 논법이 성립되는 건 이 설법에서 문제 삼은 것이 '상일주재'의 '실체아'이기 때문이다.

이러한 주장의 문맥을 고려하지 않고 '무아'라는 말만 끄집어내서 고따마 붓다는 모든 의미에서의 '아', 즉 실체아뿐만 아니라 경험아(經驗我)[5]까지도 완전히 부정하였다고 생각해 버리면 앞에서 언급하였던 심각한 모순에 당면하게 된다. 그러므로 '무아'라고 말할 때의 '아'는 '상일주재'의 실체아를 가리킨다는 점을 가장 먼저 분명히 확인해 둘 필요가 있다.

___ 단견(斷見)도 아니고 상견(常見)도 아니고

다음으로 중요한 것은 고따마 붓다는 '무아'라고 말할 경우, 세계 내의 현상 하나하나를 들어 "내면적인 것이든 외면적인 것이든 그 어느 것을 취해도 아(我)가 아니다."라고 설하고 있다는 점이다. 그때 '아'를 절대적인 의미에서 존재하지 않는다고 주장하는가 하면, 붓다 자신은 그 문제에 대해서는 침묵을 지켰다.

고따마 붓다는 '무아'에 대해 설할 때 항상 우리들이 인지할 수 있는 세계 내에서의 현상 하나하나를 들어서 그것들을 anattan이라고 지적하는 방법을 사용했다. 제2장에서 확인한 것처럼 오온의 하나하나를 예로 들어 색(色: 물질. 몸)도 '무아'이며 수(受: 감각. 感受)도 '무아'이다 등등으로 설해 가는 설법 방법이 바로 그 방법에 해당한다.

그리고 '무아'의 원어인 anattan(s. anātman)은 attan(s. ātman)에 an이라고 하는 부정사를 붙인 것이다. 그러므로 이 말은 "아(我)가 없다."는 의미의 '무아'라고 해석할 수도 있고, "아(我)가 아니다.(我를 부정하는)"는 의미의 '비아(非我)'라고도 해석할 수 있다.

후자의 해석을 취하고 있는 것이 유명한 나카무라 하지메(中村元) 교수의 '비아설(非我說)'이다. 그의 견해에 따르면 고따마 붓다는 동시대의 다른 종교인, 수행자들이 추구하던 우파니샤드적인 아(我)는 부정하였지만, '진실(眞實)한 자기(自己)'로서의 아(我)라는 존재는 인정하고 있었다고 한다.

나카무라 하지메 교수의 설은 엄격한 무아설(無我說: 我는 모든 의미에서 존재하지 않는다고 하는 설)을 받드는 불교도와 연구자들로부터 부정적인 평가를 받는 편이지만, 위에 제시한 고따마 붓다가 '무아'를 설하는 방식 자체에 그렇게 해석될 수 있는 여지가 있다는 것 또한 인정하지 않으면 안 된다. 경전에서 고따마 붓다가 '무아'에 대해 설법한 방식에는 일종의 애매모호함이 존재하기 때문에 언뜻 보면 본 장의 처음에서 지적한 것과 같은 모순도 생겼으리라고 생각한다. 또 그러한 애매함이 있기 때문에 '무아'의 개념을 둘러싸고 고금을 통해 다양한 해석이 이루어지고 있었다. 나카무라 하지메 교수의 '비아설'도 그러한 다양한 해석의 가능성 중 하나로서 검토될 만한 가치가 충분히 있다고 생각한다.

다만 나 자신은 나카무라 하지메 교수의 '비아설'을 지지하지 않는다. 경전에 의하면 고따마 붓다는 "아(我)가 없다."고 단정하는 데 부정적인 동시에 "아(我)가 있다."고 단정하는 것에 관해서도 분명히 부정적이기 때문이다.

기본적인 것이지만 불교에서는 '상견(常見, sassata-diṭṭhi)'과 단견(斷見, uccheda- diṭṭhi)' 모두 명확히 부정된다. 상견이란 세계는 상주불멸(常住不滅)하고, 사람이 죽어도 실체적인 아(我)는 영구히 존재한다는 견해이고, 단견이란 세계나 자기(自己)의 단멸을 주장하여 사람이 죽으면 무(無)가 된다는 견해를 말한다. 이 두 가지 견해는 불교의 입장에서 볼 때 명확한 사견(邪見: 잘못된 견해)이다. 아(我)의 실체가 존재한다고 하면 상견 쪽으로 기울고, 아(我)는 어떤 의미에서건 존재하지 않는다고 하면 단견 쪽으로 기운다. 이렇게 단상(斷常)의 두 가지 견해를 모두 부정한다는 것은 불교에서는 절대적(실체적)인 의미에서의 무아와 유아(有我) 모두 부정됨을 보여 준다.

실제로 예를 들어 보면, 중부경전의 제2경인 『모든 번뇌 경』(이하 『일체루경(一切漏經)』)에서는 '나에게 아(我)는 있다(atthi me attā)'고 하는 견해도 '나에게 아(我)는 없다(natthi me attā)'고 하는 견해도 모두 사견이라고 명시되어 있다.[6] "아(我)는 있다."는 주장이든 "아(我)는 없다."는 주장이든 그렇게 잘라 말하면 모두 잘못이라는 뜻이다.

붓다의 '무기(無記)'

그와 같은 이유로 "고따마 붓다가 예로 드는 현상 하나하나는 아(我)가 아니지만[非我], 그 외 어딘가에서 진실한 자기[我]를 찾아낼 수 있다."는 의미를 강하게 지닌 '비아설'은 고따마 붓다의 교설에 대한 해석으로는 받아들이기 어렵다. 또한 "아(我)는 어떤 의미로도 존재하지 않는다."고 단언하는 '엄격한 무아설' 역시 같은 이유로 받아들이기 어려울 것이다.

그러면 아(我)의 존재 또는 비존재 문제에 관해 고따마 붓다는 어떤 태도를 취했는가? 이에 대해서는 다른 형이상학적인 문제를 대한 태도와 마찬가지로 '무기(無記)'였다고 해석하는 것이 타당하리라고 생각한다.

'무기(無記, avyākata)'란 회답하지 못하는 것, 명기(明記)하지 못하는 것을 의미한다. 구체적으로는 십무기(十無記)[7]라고 하여 고따마 붓다가 답하지 않았던 네 종류, 열 가지 항목의 형이상학적인 물음을 가리키는데, 그 내용은 다음과 같다.

I.　① 세계는 시간적으로 상주(常住)하는가

　　② 세계는 시간적으로 무상(無常)한가

II.　③ 세계는 공간적으로 유한(有限)한가

④ 세계는 공간적으로 무한(無限)한가

III. ⑤ 영혼과 신체는 동일한가

⑥ 영혼과 신체는 서로 다른가

IV. ⑦ 여래는 사후에 존재하는가

⑧ 여래는 사후에 존재하지 않는가

⑨ 여래는 사후에 존재하고 동시에 존재하지 않는가

⑩ 여래는 사후에 존재하는 것도 아니고 존재하지 않는
것도 아닌 것인가

이러한 질문은 세계(loka)에서 연생(緣生)의 현상을 아무리 살펴봐도 답하기 어려운, 참으로 '형이상학적인' 물음이다. 제자나 이교도[外道]로부터 이러한 질문을 받았을 때 고따마 붓다는 "그것은 무익하고 범행을 시작하는 데에도 도움이 안 되며, 염리(厭離), 이탐(離貪), 멸진(滅盡), 적정(寂靜), 신통(神通), 정각(正覺), 열반(涅槃)으로 이끌어 주지도 못한다."라며 답을 주지 않았다. 그 대신 고(苦)의 멸진과 열반으로 인도하는 사제(四諦)의 가르침을 설하는 것이 보통이었다. 예를 들어 그러한 형이상학적인 물음에 촉각을 세우며 어쩌지 못하던 제자인 말룬키아뿟따에게 고따마 붓다는 유명한 독화살의 비유[8]를 들어가면서 그와 같이 설

하여 그의 질문을 물리쳤다.[9]

이 열 가지 무기[十無記] 가운데 본 장의 문맥상 흥미로운 점은 IV번째의 "여래는 사후에도 존재하는가?"라는 물음이다. 여래는 깨어 있는 각자(覺者), 부처를 뜻하는 다른 이름이므로[10] 연기와 '무아'의 이치를 깨닫고, 윤회에서 해탈하여 두 번 다시 태어나지 않는 존재이다. 따라서 해탈의 의의가 '진아(眞我)'를 깨닫는 것이라면 "여래는 사후에 존재한다."고 말하면 되고, '아(我)는 어떤 의미로도 존재하지 않는다'고 이해하는 것이라면 "여래는 사후에 존재하지 않는다."고 말하면 된다. 어쨌거나 '엄격한 무아'나 '진아(眞我)의 존재' 어느 쪽인가가 답이라면 딱 잘라 답할 수 있는 물음이라고 생각되지만 고따마 붓다는 결코 이러한 종류의 질문에는 대답하지 않았다.

___ '엄격한 무아(無我)'도 '비아(非我)'도 아니다

이와 같이 '아(我)'의 절대적인 의미에서의 존재, 비존재에 대해서 고따마 붓다는 언제나 무기(無記)의 태도를 유지했다. 이를 보다 확실하게 보여 주는 경전이 상응부의 '무기상응(無記相應, Avyākata-saṃyutta)'에 수록된 『아난다경(Ānanda-sutta)』[11]이다.

어느 날 고따마 붓다가 밧챠 성을 가진 유행자에게서 '나[我]

는 있습니까?'[12]라는 질문을 받고, 또 '나(我)는 없습니까?'[13]라고도 질문을 받았다. 하지만 어느 쪽에도 답을 하지 않고 묵묵히 있자, 유행자는 떠나 버렸다. 이 모습을 지켜보고 있던 아난다가 고따마 붓다에게 아무 말도 하지 않은 이유를 물었다. 고따마 붓다는 "나(我)가 있다고 답을 하면 상주론자들(常住論者, sassatavada)과 같은 입장이 되고, 나(我)는 없다고 답을 하면 단멸론자들(斷滅論者, ucchedavada)에게 동의하는 게 될 것이다."라고 답하였다. 또 "나(我)가 있다고 답을 하면 제법무아라고 하는 지(智)의 생기(生起)에 위배하는 입장이 된다. 나(我)가 없다고 답을 하면 혼란에 빠진 밧챠 성을 가진 유행자는 '이전에는 분명히 나(我)가 있었는데 지금은 없다'[14]라고 생각하며 점점 미망에 빠지게 될 것이다."라고 설하였다. 이상이 『아난다경』의 내용이다.

불교학자인 카츠라 쇼류(桂紹隆) 교수는 인도불교 사상사에서의 '무(無)와 유(有)'를 둘러싼 의론을 폭넓게 참조한 후 이 경전을 다루면서 "아트만의 유무(有無) 문제에 관해서 '침묵'을 지킨 '무기(無記)'의 입장, 따라서 유와 무의 이변(二邊)을 여읜 '중도'에 대한 이해야말로 이 문제에 대해 초기경전에 기록된 붓다의 최종적인 답이었던 것이 아닌가 생각한다."라고 말했다. 그러고는 '무아설(無我說)'도 '비아설(非我說)'도 아닌 '무기설'이야말로 붓다의 참뜻이었던 건 아닌가 하고 추측하였는데,[15] 나 역시 이 해석에 동의한다.

이미 확인한 바와 같이 '아(我)는 있다'거나 '아(我)는 없다'고 단언하는 것 모두 잘못이라고 경전에서는 분명히 밝히고 있다. 또 직접적으로 아(我)의 존재 또는 비존재에 대해서 질문을 받으면 고따마 붓다는 침묵하였다는 것도 위에서 언급한 바와 같다. 즉 절대적, 실체적인 의미에서의 나(我, 아트만)의 존재에 대해서는 '무기(無記)'였다는 것이 경전에서 알 수 있는 고따마 붓다의 설에 대한 솔직한 해석이다.

그렇다면 고따마 붓다의 교설을 이해하는 데 있어서 우리들이 해야 할 일은 "그러면 실제로는 실체아는 존재하는 것인가?"라는 물음에 대해 '엄격한 무아'와 '비아(非我)' 중 양자택일로 매듭짓는 게 아니라, 이와 같은 실체에 관한 형이상학적인 물음을 받았을 때 언제나 답을 하지 않고 사제(四諦)의 가르침만을 설했던 붓다의 태도가 어떤 의미를 갖는지를 깊이 고찰해 보는 일일 것이다. 이 점에 대해서는 특히 다음 장에서 상세하게 논하고자 한다.

___무상의 경험아(經驗我)는 부정되지 않는다

이처럼 나[我]에 대한 절대적인 의미에서의 존재, 비존재에 대해 '무기'로 일관한 것이 고따마 붓다의 기본적인 태도였다고 한다면, 붓다는 왜 오온과 같은 세계 내의 개개 현상에 대해서는 일일이 "나〔我〕는 없다(an-attan)."라고 지적한 것이며, 또 그 의미는 무엇인가? 다음은 이에 대해서 살펴보기로 한다.

먼저 말할 수 있는 점은 고따마 붓다가 an-attan이라고 말하여 의도적으로 부정한 건 상일주재(常一主宰)의 실체이라는 점이다. 이미 말한 바와 같이 오온을 비롯한 그 외 세계의 모든 현상은 불교의 입장에서 보면 모두 연생하는 것이다. 따라서 모두 무상한 것이므로 상일주재의 실체는 있을 수가 없다.

그렇다고 해서 고따마 붓다가 나(我, attan)가 어떤 의미로든 절대로 존재하지 않는다고 단언한 것은 아니다. 『아난다경』의 유행자에 대한 대응에서도 나타나고 있듯이 고따마 붓다는 일반적으로 존재한다고 여겨지는 나〔我〕를 '없다'고 단정적으로 말해서 사람들을 혼란스럽게 하는 것을 조심스럽게 피한다. 그리고 경험적인 의미에서의 나(我: 자기)라면 경우에 따라서는 "자신을 의지하라."라고 하는 방법을 통해 오히려 적극적으로 긍정하였음은 앞에서 이미 확인하였다.

즉 고따마 붓다는 현상의 세계(世間, loka)에 속한 모든 요소 중 어떤 것이 실체이라고 하는 생각은 명확히 부정하지만, 상일주재의 실체아가 아닌 경험아에 대해서는 꼭 부정하기만 한 건 아니었다. 그러면 여기에서 부정되지 않는 경험아, "자기를 의지하라."라고 할 때의 그 '자기'란 도대체 어떠한 것일까?

결론부터 말하면, 여기서 말하는 자기란 연기의 법칙에 따라 생성과 소멸을 되풀이하는 모든 요소의 일시적인(임시적인) 화합에 의해서 형성된 것에 감각기관으로부터의 정보가 인지됨으로서 경험이 성립되는, 어떤 유동(流動)을 계속하는 장(場)을 말한다. 본 장의 서두에 사용한 말로 부연한다면 '개체성'이라 말해도 좋을 것이다.

불교에 대해 흔히 오해하는 내용 중 하나가 '깨달음'이란 '무아'를 자각하는 것이므로 깨달음을 달성한 사람에게는 '나[私]'가 사라져서 세계와 하나가 된다는 것이다. 하지만 실제로 그런 일은 일어나지 않는다. 제일 앞부분에서 말한 바와 같이 아무리 오랫동안 수행을 해서 일정한 경지에 오른 스님이라 하더라도 몸이 녹아 무너져 내릴 리가 없고, 그의 시계(視界)가 다른 사람의 시계(視界)와 섞일 리도 없으며, 그의 사고와 다른 사람의 사고 간에 구별이 없어질 리도 없다.[16]

고따마 붓다가 "나(私, aham)"라는 말을 사용하여 설법을 하였듯이 현대의 고승에게도 '나'는 있으며, '개체성'도 그대로 남아 있다.

즉 각자(覺者)든 범부 중생이든 감각기관으로부터 받은 정보를 인지함으로써 경험이 성립되는 장으로서의 '개체성'이라면 모두가 가지고 있다. 그것이 여기서 말하는 '경험아(經驗我)'이다. 하지만 이는 단지 원인, 조건에 의해서 생성소멸하는 연생의 감각기관[感官][17]으로부터의 정보에 의해 형성된 것이기 때문에 당연히 무상, 고, 무아라는 삼상(三相)의 성질을 갖고 있으며, 시시각각 변화하고 이리저리 움직인다. 그러므로 그중 어디를 찾아보아도 고정적, 실체적인 상일주재의 아트만[實體我]은 찾아낼 수 없다. 그래서 그 경험아는 "나[我]가 아닌(an-attan)" 것이다.

위에서 붓다는 '나'라는 말을 사용하여 설법을 했고, 현대의 고승에게도 '나'는 있다고 말했지만, 이는 시시각각 변화하고 이리저리 움직이는 인지의 통합(개체성)을 임시로 가리켜 '나[私]'라고 말했을 뿐이다. "자기를 의지하라."라고 할 때의 '자기(attan)'도 동일하다. '남[他者]'이라고 불리는 인지의 통합이 아니라 지금 여기에 전개되고 있는 '나[私]'라고 불리는 그 인지의 장을 목표로 하라고 말하고 있을 뿐이다.[18]

다만 그 '나[私]'라고 불리는 인지의 장 어딘가에 상주하면서 주재하는 권능을 지닌 단 하나의 실체아가 존재한다고 생각하고, 거기에 집착해서 괴로움(苦)의 원인을 만드는 일이 있어서는 안 된다. 그래서 고따마 붓다는 그 인지의 장을 형성하는 제 요소 하나하나, 예컨대 오온을 열거하여 그것들이 전부 '나(私)가 아님'을 지적하였다.

앞에서 범부이건 각자이건 '인지의 통합'으로서의 '개체성'이라면 가지고 있고, 붓다도 '나(私)'라는 말을 사용하여 설법하였음을 지적하였지만, 물론 범부와 각자 사이에는 차이도 있다. 바로 연속적으로 일어나는(繼起) 현상, 유동하는 인지의 장 어딘가에 고정적이고 실체적인 '나(私)'가 정말 존재한다고 확신하고 거기에 (무의식적으로라도) 집착하고 있는지 아닌지의 차이이다. 그런 고정된 생각과 집착에 속박되어 있는 존재가 범부이고, 거기에서 해탈해 있는 존재가 각자(覺者)이다.

몇 번이나 반복해서 말하지만 세계(loka)에서 인지되는 모든 현상(saṅkhara)은 내면(주관)적인 것이든 외면(객관)적인 것이든 그 모두가 원인이나 조건에 의해서 형성된(saṅkhata, 有爲의) 일시적인 것, 즉 연생하는 것이므로 무상하다. '무-아(無-我, an-attan)'라고 말함으로써 고따마 붓다가 부정한 것은 그런 무상한 현상세계 속 어딘가에 고정적이고 실체적인 아(我)가 존재한다고 믿어 버려서 그 허구(虛構)의 실체아에 집착하여 고(苦)의 원인을 만드는 것이었다.

요컨대, 고따마 붓다가 무아(an—attan)라고 말한 건 "이 현상의 세계 어디를 찾아봐도 실체라고 말할 수 있는 것은 찾을 수 없어요."라는 뜻이다. 그러면 그 현상의 세계를 초월한 곳, 즉 출세간(lokuttara)의 경계(예를 들어 붓다의 사후)에는 실체아가 있는 것인가? 이 물음에 대한 고따마 붓다의 태도 역시 이미 살펴본 바와 같이 '무기'이다. 여기서는 우선 거기까지만 확인해 두겠다.

___무아(無我)이기 때문에 윤회한다

위에서 확인한 '무아'에 대한 교설의 의미는 그렇다 치고, 여기서는 다시 무아와 윤회전생의 관계에 대해 생각해 보기로 하자. 불교를 논할 때에 종종 다뤄지는 '윤회'와 '무아'는 모순되는 개념인지 아닌지의 문제이다.

결론부터 말하면, 이제까지 살펴보았듯이 '아(我)'와 '무아(無我)'의 성질을 제대로 정리하여 파악해 둔다면 그렇게 큰 문제가 되지는 않는다고 생각한다. 업과 윤회의 세계관, 그리고 고따마 붓다의 불교가 떼려야 뗄 수 없는 관계라는 것은 문헌적으로나 실천적으로 그리고 논리적으로도 매우 분명하고, 이에 따라

상식적으로 생각하면 불교의 기본적인 입장은 "무아인데 윤회한
다."가 아니라 "바로 무아이기 때문에 윤회한다."라는 것임을 금
방 알 수 있기 때문이다.

다시 말하면 "윤회와 무아는 모순된다. 그러므로 고따마 붓다
는 윤회를 설하지 않았을 것이다."와 같은 주장을 하는 사람들이
아직도 있다면 이는 명백하게 불교를 알지 못하는 것이다. 이어
서 이에 대해 설명하겠다.

먼저 '무아'인 중생이 윤회하는 구조에 대해서 확인해 보자.
이 점에 대해서는 메이지(明治) 시대의 불교학자이며 전 동경제
국대학 교수였던 키무라 타이겐(木村泰賢)이 만든 도식이 알기 쉬
우므로 아래에 그대로 인용하였다.[19]

$$A - A' - A'' - A''' - A^n \ldots a^nB - B' - B'' - B''' - B^n \ldots b^nC - C'$$
$$- C'' - C''' - C^n \ldots c^nD \ldots\ldots d^nE$$

키무라 교수의 용어로 말하면 여기 A, B, C, D, E는 "오온으
로 이루어진 모형적(模型的) 생명"이고, 바로 앞에서 내가 해설한
표현으로 말하면 '인지의 통합' 혹은 '경험아'에 해당된다. 예를
들어 '타로(太郎)'라는 이름을 가진 사람이 있다고 하자. 물론 실

제로는 연생하는 오온의 일시적인 화합일 뿐이다. 그래서 탄생했을 때부터 죽음에 이르기까지 계속 변화하며 고정적인 실체는 존재하지 않지만 일단 그 '변화하는 인지의 통합'을 일시적으로 '타로'(위의 도식에서는 A 혹은 B 등)라고 일관된 이름을 붙여 두는 것이다.

그리고 $A - A' - A'' - A''' - A^n$이라는 것은 물론 그 A의 시계열(時系列)에 따른 변화를 나타낸다. 위에서 말한 바와 같이 A라고 지명된 인지의 통합(경험아)도 실제로는 연생(緣生)하는 현상에 불과하므로, 시시각각(불교용어로는 찰나마다) 계속해서 유동하고 변화한다. 그리고 그 현상은 탄생의 순간부터 죽을 때까지 계속된다.

그와 같이 계속해서 변화하는 A는 어느 시점(A^n)에 이르면 죽음을 맞는다. 그 시점에서 일어나는 것이 전생(轉生)이다(도식의 … 은 이것을 가리킨다). 이어서 B라는 새로운 오온의 일시적 화합을 얻었다고 하면 모습은 A와 상당히 달라져 있는 것 같지만, a^n이라고 하는 A의 '경험적 적취(積聚)'[20], 즉 A가 쌓아 온 행위〔業〕의 결과가 잠재적인 세력으로서 작용한다.[21] 그리고 그 B라고 하는 인지의 통합이 다시 찰나마다 변화를 계속해 간다($a^nB - B' - B'' - B''' - B^n$).

이와 같이 B → C → D → E… 로 윤회전생의 과정이 계속된다는 것인데, 이 (전생이라고 하는) 비약(飛躍)이 끼어 있는 변화의 과정을 키무라 타이겐 교수는 '누에의 변화'에 비유하여 다음과 같이 설명한다.

이른바 불교의 윤회는 흡사 누에의 변화와 같다. 애벌레(유충)에서 번데기가 되고, 번데기에서 나방이 되는바, 외견상으로는 완전히 다른 것 같지만 결국 동일한 벌레의 변화이다. 애벌레와 나방을 가지고 같다고도 말할 수 없고 다르다고도 말할 수 없는, 다만 변화라고 말할 수 있을 뿐이다.[22]

아주 알기 쉬운 비유이다. 예를 들어서 상응부의 경전에는 "그(본인)가 행하고 그(본인)가 받는 것인가? 아니면 남이 행하고 남이 받는 것인가?"라고, 업과 그 과보에 관한 소위 "자작(自作)과 타작(他作)"의 문제에 대해서 어느 바라문이 질문을 한 내용이 있다.[23] 이에 고따마 붓다는 모두 극단적인 의견이라고 물리치고 연기의 법칙으로 답을 하였다. 연기의 법칙에 따라 실체아는 존재하지 않는 이상, 업(행위)을 만드는 사람과 그 결과를 받는 사람은 같다고도 말할 수 없고, 다르다고도 말할 수 없다. 그러므로 업보는 자작이라거나 타작이라고 말하는 것 모두 극단적인 의견이라는 것이다.

그와 같이 누에의 애벌레(유충)도 우선은 애벌레로 성장(변화)하여, 어느 시기가 되면 번데기로 변태(비약)하고, 다시 나방으로 모습을 바꾼다. 이를 '동일한 벌레'의 변화라고 말할 수도 있지만, 성장과 변태를 거쳐 완전히 다른 모습으로 변해 가므로 다른 것[別物]이 되었다고도 말할 수도 있다. 요컨대 '같다고도 말할 수 없고 다르다고도 말할 수 없는, 다만 변화라고 말할 수 있을 뿐'이다.

윤회도 그와 같다. 원인과 조건에서 비롯되어 계속 이어지는 (연생의) 인지의 통합, 계속 일어나는 작용의 연속이 중생이 죽은 다음에도 그 작용의 결과를 이어받고 또 새로운 인지의 통합을 만든다.[24] 전생이란 단지 그뿐, 거기에 고정적인 실체아가 개입될 필요는 없다.

그럼에도 불구하고 이야기는 오히려 그와 정반대이다. 앞에서 본 바와 같은 '상일주재'의 실체아가 윤회전생의 과정을 통해 계속 존재한다고 한다면, 그 존재가 무상이며 괴로움이면서 시작도 없고 끝도 없는 연생 현상에 계속 말려든다는 이야기는 아무래도 설명하기 어렵다. 그러한 실체아의 존재는 (적어도 현상의 세계 속에서는) 없다고 생각해 두는 편이 작용과 그 결과가 계속해서 생겨나는 과정으로서의 윤회를 생각하는 데 훨씬 얼거리 좋은 의론이 된다.[25] 연생 현상의 성질로서의 무상, 고, 무아를 동일어로서 세트로 말하는 것은 그 때문이다. 그래서 '무아인데 윤회하는' 것이 아니라 '무아이기 때문에 윤회한다'가 불교의 기본적인 입장인 것이다.[26]

___ '무엇'이 윤회하는 것인가

불교에서 말하는 윤회(saṃsāra)가 그와 같은 성질을 가지고 있음을 알았다면 이제 '무아라면 무엇이 윤회하는 것인가?'라는 물음에 대해서도 적절하게 대응할 수 있지 않을까?

현대 일본에서 일반적으로 '윤회'라고 할 경우, 사람들은 너무도 분명하게 존재한다고 여겨지는 '이 마음'이 무언가 근원적인 '영혼〔魂〕'과 같은 실체이고, 이 마음이 다양한 존재로 다시 태어난다는 이야깃거리〔物語〕라고 생각하는 경향이 있다. 죽으면 눈, 귀, 코, 혀, 몸이라는 오감을 가진 신체 자체가 소멸함은 경험상 알고 있기 때문에 윤회가 있다면 존속하는 것은 의식, 즉 '이 생각'이라고 여긴다.

그러나 똑같은 발상으로 '식(識, viññāṇna)'이 윤회의 주체라고 주장한 사띠 비구가 고따마 붓다에게 심한 질책을 받았다고 하는 점에서도 알 수 있듯이[27] 이러한 사고방식은 불교에서 말하는 윤회에 대한 해석으로는 올바르지 않다. 나는 고따마 붓다가 사띠 비구에게 "연(緣)이 없으면 식(識)이 일어나는 일도 없다."라고 설한 게 아닌가라고 말하고 있지만,[28] 이 책에서 되풀이해서 말하듯이 현상 세계에서 인지할 수 있는 것은 모두 연생하는 것이고, 따라서 무상, 고, 무아이다. '주관'을 구성하는 식(識)이라 해도 예외는 아니다.

그렇다면 '무엇'이 윤회를 계속하는 것인가? 불교의 입장에서 보면 행위의 작용과 그 결과, 즉 업에 의한 현상이 계속해서 일어나는(繼起) 것이다. 즉 행위에 의한 작용이 결과를 남기고, 그 잠재 세력이 다음의 업(행위)을 불러일으키는 프로세스가 그저 상속(相續)한다는 것이 불교에서 말하는 '윤회'의 실태이다. 제2장에서도 인용한 중부경전에서, "중생이란 업을 자신의 것으로 하고, 업의 상속자이며, 업을 모태로 하고, 업을 친족으로 하여 업을 의지처로 하는 자이다."[29]라고 말한 것은 그 때문이다.

그러므로 보다 엄밀히 말하면, "무엇이 윤회하는 것인가?"라는 문제는 불교의 문맥에서 보면 애초부터 분류 오류(category error)인 문제이다. 존재하고 있는 것은 업에 의한 현상의 계기(繼

起)뿐이고 그 과정, 프로세스가 '윤회'(돌아 흐르는 것)라고 불리고 있는 것이지, 거기에 '주체'라고 말할 수 있는 고정적인 실체는 내포되어 있지 않기 때문이다.

따라서 '윤회'라고 하면 우리들은 일반적으로 어떤 '사람'이 죽어서 다른 존재로서 다시 태어나는 '전생(轉生)'이라는 이야깃거리만을 생각하기 쉽지만, 실제로 윤회라는 건 전생의 순간에만 일어나는 것이 아니라, 지금 이 순간의 당신에게도 (불교의 입장에서 보면) 현상의 계기(繼起)라는 프로세스로 계속해서 생기(生起)한다. 전생이라고 하는 말은 이를 알기 쉽게 표현한 것에 지나지 않는다.

___현상의 계기(繼起)가 윤회이다

이러한 이해는 경전에 따라 수행하고 있는 실천자들의 견해와도 부합된다. 예를 들어서 미얀마의 저명한 테라와다 스님이자 명상 지도자인 우 조티카는 윤회의 성질에 대해서 다음과 같이 설명한다.

윤회란 정신적, 물질적인 프로세스입니다. 이를 윤회라고 부르는 것입니다. 어떤 사람이 하나의 생(生)에서 다른 생으로 옮겨 간다고 하는 이야깃거리가 아닙니다….

진짜 윤회라고 하는 것은, 정말 계속해서 도는 것은 이 정신적, 물질적인 프로세스가 끊임없이 이어져 감을 말하는 것입니다. 이를 윤회라고 부릅니다.[30]

위의 글 중에 "정신적, 물질적인 프로세스(mental and physical process)"란 빨리어에서 말하는 nāma와 rūpa, 한역으로는 명색(名色)을 말한다. 테라와다의 교리에서는 각각 정신적, 물질적인 것이 계속해서 일어나는〔繼起〕현상을 의미한다.

다시 말해서 윤회란 정신적, 그리고 물질적인 현상〔名色〕이 끊임없이 계속해서 일어나는 프로세스로서, 어떤 '사람'이 이생에서 다른 생으로 계속해서 다시 태어난다는 이야기가 아니라는 점을 인용문에서는 말하고 있는 것이다.

이 "현상이 계속해서 일어나는 프로세스가 윤회이다."라는 우조티카의 말을 해석해 보면 지금 여기서 생성소멸하는 현상을 철저하게 관찰한다는 위빠사나 명상을 실천하는 사람들에게 있어서는 여실(如實; 있는 그대로)의 '현실인식' 그 자체이다. 윤회란 언젠가 어딘가에서 '자기 자신'이 죽을 때 일어나는 신비 현상이 아니라 지금 이 순간 계속해서 생기고 있는 '현실'이다. 그러므로 이를 잘 넘기기 위해서는 무엇보다도 지금, 여기에서 일어나고 있는 현상에 대해 다른 곳으로 눈을 돌리지 않고 '여실지견(如實知見)'하지 않으면 안 된다.

고따마 붓다의 불교의 근본은 이와 같이 사물을 '있는 그대로 아는(yathābhūtaṃ pajānāti)' 것을 통해 고통스런 현상의 계기(繼起, 윤회)로부터 해탈한다는 데 있다. 그러한 불교의 근본과 단순한 전생(轉生)이 아닌 현상의 계기로서의 윤회를 이해하는 일은 물론 밀접하게 연관되어 있다. 이는 불교를 이해하는 데 대단히 중요한 포인트이기 때문에 분명하게 확인해 두지 않으면 안 된다.

___붓다는 윤회를 설하셨다

'무아'(그리고 그 근저에 있는 연기설)와 윤회는 모순되지 않으며 오히려 상호보완적인 관계에 있다는 점은 위의 서술에서 분명해졌다고 생각한다. 그러면 이 내용을 문헌에 비추어 생각해 보면 어떨까? 경전의 서술을 그대로 읽었을 때에도 "고따마 붓다는 윤회를 설하지 않았다."고 해석할 수 있는 것일까?

결론부터 말하면, 이는 매우 어렵다(고 할까, 보통으로 생각하면 거의 불가능하다)고 생각한다. 예컨대 미얀마나 스리랑카와 같은 상좌부권의 학승들에게 "일본에는 고따마 붓다가 윤회를 설하지 않았다고 주장하는 사람들이 있답니다."라고 말하면 이 말을 들은 학승들은 처음에는 깜짝 놀랐다가 설명을 듣고는 웃는다. 이런 경우가 생기는 건 그들이 윤회를 '맹신'하고 있기 때문이 아니다. 불교 경전을 성실하게 독해하다 보면 그러한 결론은 나올 수 없기 때문이다.

본장의 앞부분에 제2장에서도 다루었던 『담마빠다』의 게를 인용하였는데, 그 게처럼 윤회설을 전제로 하지 않으면 이해하기 어려운 교설은 현대의 문헌학에서 '고층(古層)'이라고 보는 『담마빠다』나 『숫타니파타』[31]에 자주 나온다. 그리고 이러한 내용은 '후대(後代)에 성립'되었다는 장대한 산문 경전에서도 변함이 없다.

이처럼 어떤 형태의 경전에서든 윤회설이 나온다는 건 초기 경전의 성립 과정을 어떻게 보든 그 전 과정을 통해 계속 윤회설을 설하고 있었다는 뜻이다. 물론 윤회설과 고따마 붓다를 어떻게 해서라도 분리시키고 싶은 사람들은 그러한 부분 모두를 "후세에 부가(附加)시킨 것, 증광(增廣) 시킨 것"이라는 마술 같은 말(magic word)로 끝내 버린다. 하지만 원전을 대하는 해석자의 의도에 따라 억지가 있을 수는 있다 해도 그러한 태도를 성실한 독해라고는 결코 말할 수가 없을 것이다.

또 제1장에서 다룬 『성구경』에서는 고따마 붓다가 열반을 증득했을 때 "나의 해탈은 부동(不動)이고, 이것이 최후의 생이며, 이제는 다시 태어날 일은 없다."[32]라고 설하였다는 내용이 있다. 이 구절은 상응부의 짧은 산문 경전 등에도 자주 나오는 것으로 [33] 수행자가 해탈을 달성하였을 때 말하는 상용구이다.

다시 말해서 고따마 붓다의 불교에서는 해탈·열반, 그리고 윤회전생의 세계관을 전제로 하여 다시 태어남[再生]은 존재하지 않는다고 말하는데 조리 있게 생각해 보면 당연한 말이다. 제2장에서 확인한 바와 같이 생로병사 등의 '팔고(八苦)'는 전부 인간이 살아 있는 동안 경험하는 것인데 윤회전생이 존재하지 않고 이 한 생(生)으로 모든 것이 끝난다고 하면 죽음이 모든 것을 해결한다는 뜻이 되고 만다. 요컨대 업과 윤회의 세계관을 전제로 하지 않는다면 죽음으로 모든 것이 끝난다는 의미가 되고, 그렇게 되면 생에 따르는 필연적인 고통에서 해탈하기 위한 최고의 해결책은 자살이다. 노동과 생식을 버리고 엄격한 수행을 해야 할 필요 같은 건 없어지는 것이다.

그러나 실제로 고따마 붓다는 당연히 자살 등을 권하지 않았다. 적어도 범부에게는 윤회가 현실적으로 존재하는 이상 자살은 (그 악업에 의해서) 상황을 보다 악화시킬 뿐이고, 연생하는 현상에 우롱당하는 무상, 고, 무아의 프로세스는 해탈하지 않는 한 사후에도 변함없이 쭉 계속된다고 보고 있었기 때문이다.

즉 "윤회는 없다."고 생각하고 생의 필연적인 고(苦)[34]로부터 도피하려고 자살을 하거나 다른 쪽으로 눈을 돌려 쾌락만 추구하면서 일생을 낭비할 것이 아니라, 현실적으로 존재하는 윤회를 정면에서 여실지견하고 갈애의 멸진을 통해서 극복해 가는 것이 고따마 붓다와 그 이후의 불교도들이 취한 기본적인 입장이었다는 것이다.[35]

윤회는 불교 사상의 암이 아니다

위에서 본 바와 같은 모든 사항을 확인한 다음 키무라 타이겐 교수는 와츠지 테츠로(和辻哲郎)의 업과 윤회의 세계관과 고따마 붓다의 불교를 분리시키려는 해석에 대해서 "이와 같은 것은 너무도 이상한 설이라 논외의 것으로 해야 한다고 생각한다."고 평하였는데,[36] 실로 정말 그렇다고 말할 수밖에 없다. "고따마 붓다는 윤회를 설하지 않았을 것이다."라는 종류의 주장들은[37] 당연히 이 시점에서 명맥이 끊어졌어야 하는데, 현대 일본에 아직 살아남아 있다고 하는 것 자체가 나에게 있어서는 불가사의하다.

아마도 윤회설과 고따마 붓다를 어떻게 해서든 분리시키려는 사람들에게는 경전 속 각각의 부분에 있는 업과 윤회의 세계관을 전제로 하지 않으면 해석될 수 없는 교설들이 마치 암세포처럼 느껴질 것이다. 하지만 이미 살펴본 바와 같이 경전에서 알 수 있는 고따마 붓다의 불교는 논리적으로나 문헌적으로나 업과 윤회의 세계관과는 서로 뗄 수가 없다. 그래서 그 암은 불교 전반으로 널리 퍼지고 말았다.

이와 같이 전신으로 전이되어 버린 암을 '치료'하려면 '환부'를 도려내어 죽여 버릴 수밖에 없는데, "그럴 것이다."라고 하는 논자는 그렇게 하고 있다. 즉 문헌을 자신의 세계관에 맞는 형태로 잘라 도려내고, 그중 자신에게 불리한 주장이 포함되지 않은 부분을 끄집어내어 '진실한 불교'라고 제시하는 것이다.

그러나 실제로는 해석자 멋대로의 바람〔願望〕 때문에 죽어 버린 불교의 '쪼가리'에 불과할 뿐, '진실한 불교'도 그 어떤 것도 아니다. 물론 그러한 해석자들은 윤회라고 하는 암을 방치해 두면 불교가 죽을 것이라고 생각해서 그러한 (무의식적인) '선의(善意)'로 '치료'를 가하는 것이겠지만, 사실 윤회 사상이란 불교의 암이 아니라 그 본질을 구성하는 명맥 그 자체이다. 그러므로 불교를 '죽이고' 있는 것은 업과 윤회의 세계관이 아니라 그들의 행위 쪽일 것이다.

원래부터 불교가 궁극적으로 윤회의 초극(超克)을 지향하며, 고따마 붓다도 '현법열반(現法涅槃, diṭṭhadhammanibbāna)', 즉 지금, 여기의 생에서 열반에 이르라고 설하는 이상, 특별히 윤회사상을 믿거나 실감하지 못하더라도 불교의 실천을 행하고 자신의 삶을 위해 활용하는 일은 가능하다.

그리고 해탈을 증득하기 위해서 고따마 붓다가 설한 방법은 지금, 여기의 신(身), 수(受), 심(心), 법(法)의 사념처(四念處)를 철저하게 관찰하고 여실지견하라는 것이다. 그렇게 함으로써 오온을 염리(厭離)하고, 이탐(離貪)하여 해탈에 이르게 된다는 것이 붓다가 한 교설의 조리이기 때문에 지나치게 윤회에 구애받을 필요는 없다고 생각하는 것 또한 잘못은 아니다. 연기의 이법(理法)을 몸으로 체득하지 못한 단계에서 윤회에 대해 깊이 생각하다보면, 『일체루경(一切漏經)』에서 설하고 있는 바와 같이[38] "나는 과거세에 존재했던가?", "나는 미래세에 존재할 것인가?"라는 분류 오류의 의문에 걸려드는 결과를 가져오기 때문이다.

달리 말하면, 연기와 무아의 이치를 여실하게 지견할 수 있게 된 사람은 윤회에 관한 무익한 의문에 휘말려 드는 일은 없다. 『다제경(嗏帝經)』에서 고따마 붓다가 사띠 비구를 질책하고 연기의 법칙에 대해서 자세히 설한 후 "이와 같이 알고, 이와 같이 보면서, '우리들은 과거세에 존재했던가', '우리들은 미래세에 존재할 것인가' 등으로 고민할 일이 있을까?"라고 비구들에게 묻자, 비구들이 "그런 일은 없습니다."라고 답한 것이 바로 그 때문이다.[39]

그러므로 윤회사상에 익숙하지 않은 일반적인 현대 일본 사람들이 불교를 실천할 때 '윤회라는 것은 도저히 믿을 수 없다'고 생각한다면 받아들이지 않아도 별 지장은 없을 것이다. 그리고 사상이나 실천을 가르치는 사람들이 그러한 것에 개의치 않고 넘어가 버리는 편이 오히려 듣는 이나 독자들에게 쓸데없는 혼란을 주지 않고 끝낸다고 판단하는 것도 경우에 따라서는 옳다고 생각한다.

혹은 '고따마 붓다는 분명히 윤회를 설하였지만 나 자신은 윤회를 전혀 믿지 않는다. 그러나 붓다의 설법에는 다른 유익한 부분도 많이 있기 때문에 그 점에 대해서는 적극적으로 받아들인다'고 하는 입장 역시 충분히 있을 수 있다. 실제로 그러한 입장을 취하는 불교학자들이 많이 있고, 나 자신도 개인적으로 윤회를 '신앙'하고 있는 것은 아니다. 하지만 '윤회와 무아는 모순된다. 그러므로 고따마 붓다는 윤회를 설하지 않았을 것이다'라고 이해하는 건 명백히 경전을 잘못 해석한 견해이다.

___ '무아(無我)'와 '자유(自由)'

'무아'와 윤회의 성질에 대해서는 이상과 같이 분명해졌다. 끝으로 그러한 문제들과 '자유'의 관계에 대해서 논의해 보기로 하자.

우선 첫째로 확인해 두지 않으면 안 될 것은 '자유'란 그것을 행사하는 '주체'가 존재하지 않으면 의미가 없는 개념이라는 점이다. '스스로[自] 말미암는다[由]'라는 글자의 뜻처럼 어떠한 행위를 선택하는 '자기 자신'이 존재하고, 그렇기 때문에 그 행동을 책임질 수 있다는 것이 '자유(自由)'의 의미이므로 당연한 말이다.

고따마 붓다와 같은 시대에 막칼리고살라라는 자유사상가가 있었다. 불교에서 말하는 '육사외도(六師外道)' 중 한 명이자 아지위카교의 개조(開祖)이기도 한 사람이다. 『사문과경(沙門果經, Sāmañña-phala-sutta)』에 의하면 그는 '윤회정화(輪廻淨化, saṃsārasuddhi)', 즉 동그란 실타래를 던지면 감겨져 있던 실이 전부 풀릴 때까지 굴러가듯 중생은 정해진 업의 과보가 다할 때까지 윤회를 계속하며, 그 정화의 과정이 끝나면 고통의 끝머리에 이른다고 하는 결정론(決定論)을 설하였다고 한다.[40] 즉 인간의 자유로운 행위란 존재하지 않으며 따라서 수행도 정진도 불가능하기 때문에 모든 것은 업에 미리 정해진 대로 맡겨 둘 수밖에 없다고 하는 세계관이다. 불교 또한 '모든 것은 무아이고, 연생이다'라고 하므로 이 둘을 구분하기란 좀처럼 쉽지 않다.

고따마 붓다에 의하면 업은 의사(意思, cetanā)를 뜻하지만[41] 연기와 무아라는 이법(理法)의 원칙으로 보면 행위를 결정하는 의사라 하더라도 그 이전의 업에 규정되어 있다. 그렇기 때문에 의사는 원인과 조건에 의해서 구속당한 것일 뿐, '자유'로운 선택은 아니다. 그렇다면 이러한 설명이 막칼리고살라의 결정론과 무엇이 다른 것인가?

좀 더 심도 있는 해석이 되지만, 이 경우 나는 절대적이고 실체적인 의미에서의 나(我:주체)가 존재하는지 존재하지 않는지에 대해서 '무기(無記)'라고 했던 고따마 붓다의 입장이 옳다고 생각한다. 이미 확인한 바대로 "이 현상의 세계(loka) 속 어디를 찾아보아도 실체아라고 말할 수 있는 건 찾을 수 없다."는 것이 고따마 붓다가 말한 무아(無我, anattan)의 의미였고, 그 현상의 세계를 초월한 곳(lokuttara)에 나[我]가 존재하는지 어떤지에 대해서 고따마 붓다는 침묵하였다.

그러므로 인간은 자유로운가 그렇지 않은가의 문제에 대해서도 "그렇다."고 말하는 것은 불가능하지만, "그렇지 않다."고 말하는 것도 불가능하다. 즉 다른 형이상학적인 문제와 마찬가지로 '자유'의 문제에 대해서도 '무기'의 태도를 유지할 수밖에 없는 것이다.[42]

막칼리고살라가 "결정되어 있다."고 단언한 자유와 필연의 문제에 대해서는 '무기'를 견지하고, 나쁘게 말하자면 그 부분을 애매하게 둔 채 "그런 것보다 더 긴요한 과제인 고(苦)로부터의 해탈을 위해서 정진하라."고 하면서 실천적인 자유는 실질적으로 인정하는 것이 이 문제에 대한 고따마 붓다의 태도였다.

이러한 태도는 모든 형이상학적인 문제에 대해 고따마 붓다가 취한 공통적인 대처 방법이다. 세계(loka)를 설명하는 것이 아니라 세계를 초월하는 것(lokuttara)이 불교에서 추구하는 제1의 목적인 이상, 이는 붓다의 '세계'관과 붓다의 교설의 구조에서 비롯된 거의 필연적인 귀결이다. 이 점에 대해서는 다음 장에서 보다 명확하게 다룰 것이다.

__다음 장으로의 이행

본 장에서는 고따마 붓다의 불교에서 말하는 '아'와 '무아'의 성질, 그리고 이와 관련된 윤회와 '자유'의 문제에 대해 설명하였다. 4장까지의 서술을 통해 일단 이 책의 의론에 필요한 범위 내에서의 불교의 기초 개념에 대한 해설을 마쳤다. 이제 다음 장부터는 '불교사상의 제로포인트'인 열반이란 무엇인가라는 이 책의 테마를 더욱 더 본격적으로 밝힐 것이다.

고따마 붓다가 형이상학적인 물음에 대해서는 '무기'의 태도로 일관하였음을 본 장에서 확인하였고, 이러한 태도가 붓다의 '세계'관과 밀접한 관련이 있다는 것 또한 앞서 시사하였다. 그러면 이 '무기'의 태도와 고따마 붓다의 '세계'관 사이의 관련성이란 어떤 것인가? 다음 장에서는 우선 그에 대해 생각해 보는 것을 시작으로 해탈·열반이란 무엇인가 하는 문제를 탐구해 나가고자 한다.

제 5 장

'세계'의
끝장

: 현법열반(現法涅槃)과 그곳으로 가는 길(道)

○   친구여, 태어날 일도 없고, 늙을 일도 없고, 죽을 일도 없고,

죽고 나서 다시 태어날 일도 없는 것 같은 그러한 세상의 끝이

그곳으로 이동함으로 해서 알 수 있거나 보이거나,

도달되거나 하는 일은 없다고 나는 말한다.

그러나 친구여, 세계의 끝에 도달하는 일 없이

고(苦)를 끝낸다고 하는 것은 존재하지 않는다고도 나는 말한다.

친구여, 실로 나는 생각[想]과 뜻[意]을 따라가고 있는

이 일심(一尋:양손을 벌린 길이) 정도의 신체에 있기 때문에

세계와 세계의 집기(集起)와, 세계의 멸진(滅盡)과,

세계의 멸진으로 인도하는 길[道]을

선언하여 알려주는 것이다.[1]

… 『로히땃사경』

___아집이 형이상학적인 인식으로 이어진다?

앞에서 소개한 상응부 경전 '무기상응(無記相應)'에는 고따마 붓다와 밧차라는 성을 가진 유행자 사이에 있었던 또 다른 재미 있는 교류가 기록되어 있다.[2] 그 유행자는 "세계는 상주(常住)인 가 무상(無常)인가, 유한(有限)인가, 무한(無限)인가"라는 '열 가지 무기(十無記)'에 해당되는 형이상학적인 질문을 하였다. 이에 고 따마 붓다는 기존의 예와 같이 그 질문에 답하지 않았다. 그러자 그 유행자는 "당신이 그러한 질문에 답하지 않는 것은 어째서입 니까?"라고 다시 물었다. 이에 고따마 붓다는 "외도의 유행자들 은 색(色)을 나[我]라고 간주하거나, 나[我]에 색이 속해 있다고 생각하거나, 색에 나[我]가 있다고 생각하거나, 혹은 나[我]에게 색이 있다고 생각하거나 한다. 오온의 요소인 수(受), 상(想), 행 (行), 식(識)에 대해서도 마찬가지이다. 그러므로 그들은 '세계는 상주이다'라든지, '세계는 무상하다' 등등으로 답을 한다. 하지만 여래는 그와 같이 오온을 나[我]라고 생각하거나 하지는 않기 때 문에 그러한 물음에는 답을 하지 않는 것이다."라고 설하였다.

요컨대 오온을 나[我]라고 생각해서 '세계는 상주이다'라든가 '세계는 유한하다'고 하는 인식이 나온다는 것인데, 이에 대해 생각해 보면 다소 부사의하다. 오온을 나[我]라고 생각하는 것과

'세계(loka, 世間)'에 관한 형이상학적인 인식 사이의 관련성이 이러한 문답만으로는 명확해지지 않기 때문이다.

그렇다면 아집과 형이상학적인 인식의 관련성이란 어떠한 것일까? 앞으로 이 문제를 살펴보는 것을 서술의 실마리로 해서 '고따마 붓다가 말하는 해탈·열반이란 무엇인가?'라는 이 책의 테마로 나아가려고 한다.[3]

'세계'란 무엇인가

이 문제를 생각하기 전 우선 확인하지 않으면 안 될 내용은 고따마 붓다가 설하는 '세계(loka)'란 무엇인가 하는 점일 것이다. 이에 대해서 고따마 붓다는 증지부(增支部)의 『세상의 이치에 능통한자 경(Lokāyatika-sutta)』을 통해 다음과 같이 설하였다.

바라문들이여, 이들 다섯 종류의 욕구를 성자(聖者)의 율(律)에서는 세계라고 말한다. 그 다섯 가지란 무엇인가? 눈에 의해서 인지되는 모든 색(色, cakkhuviññeyyā rūpā)으로 마음에 들고 구하려 하고, 뜻[意]에 맞는, 사랑스런 모든 형태로 욕(欲)을 따르고 탐냄으로 물든 것, 그리고 귀[耳]에 의해 인지되는 모든 소리[聲]로 (…) 그리고 코에 의해서 인지되는 모든 향내로 (…) 그리고 혀(舌)에 의해서 인지되는 모든 맛으로 (…) 그리고 몸(身)을 통해서 인지되는 모든 촉각(觸覺)으로 마음에 들고, 구하려 하고, 뜻(意)에 맞는 사랑스러운 모든 형태로 욕(欲)을 따르고 탐냄으로 물든 것들. 바라문들이여, 실로 이들의 다섯 가지 욕구를 성자의 율에서는 세계라고 말하는 것이다.[4]

즉 안(眼), 이(耳), 비(鼻), 설(舌), 신(身)의 오감에 의해 인지되는 색, 성, 향, 미, 촉의 대상, 그리고 여기에 탐욕이 따른다고 말하므로 욕망을 일으키는 의식의 작용과 그 대상(意와 法)도 포함하여[5] (갈애를 멸진하지 못한) 범부의 육근육경(六根六境: 눈, 귀, 코, 혀, 몸, 의식과 색, 소리, 향, 맛, 촉, 법)을 형성하는 인지 전체가 고따마 붓다가 말하는 '세계'라고 생각해도 좋을 것이다.[6]

이 육근육경에 대해 고따마 붓다는 상응부의 『일체경(Sabba-sutta)』에서 '일체(sabba, 모두)'란 무엇인가에 대해 질문을 한 후, 이를 "눈과 색, 귀와 소리, 코와 향, 혀와 맛, 몸과 접촉, 뜻(意)과 법(法)"이라고 하고, 결국은 이들 육근육경(에 의한 인지)이 '전부'라고 말한다. 그리고 이 일체(一切)를 버리고 다른 일체를 설하려고 해도 거기에는 오직 말이 있을 뿐, 대상이 없는(avisaya) 것이라고도 설한다.[7]

이와 같은 "인지되고 있는 것이 전부이다."라는 고따마 붓다의 입장은 일종의 '관념론적인' 색채를 띠는 것으로 보인다.[8] 하지만 그 부분을 일단 차치해 놓으면 우선 이 '일체'를 구성하는 육근육경이 욕망을 동반한 인지를 형성했을 때 거기에 '세계'가 성립된다고 생각할 수 있을 것이다. 물론 깨달은 각자(覺者)가 아닌 중생의 육근육경에 의한 인지에는 항상 (무의식적이라도) 욕망이 따르고 있기 때문에 일반적인 중생의 인지에는 태어나면서부터 죽을 때까지 계속해서 '세계'가 성립된다.

___오온(五蘊), 십이처(十二處), 십팔계(十八界)

그런데 육근육경이란 위에서 말한 대로 눈, 귀, 코, 혀, 몸, 뜻의 여섯 가지 감각기관 또는 감각능력(根, indriya), 그리고 색, 소리, 향내, 맛, 접촉, 법의 여섯 가지의 대상(境, visaya)을 말한다. 이것들을 합쳐서 십이처(十二處, dvādasa-āyatanāni)라 한다.

고따마 붓다에 의하면 이 십이처에 의해서 '일체(一切)'가 구성된다. 이 구성 요소를 헤아리는 방법을 조금 바꾸면 '십팔계(十八界, aṭṭhārasa-dhātuyo)'라고 말할 수도 있다. 감각기관(根)과 대상(境)의 접촉에 의해 생겨나는 식(識: 인지), 예컨대 눈과 색이 접촉함으로써 생겨나는 안식(眼識) 등을 포함시킨 것으로, 눈,

귀, 코, 혀, 몸, 뜻의 육식(六識)이 구성요소 속에 하나하나 들어
가서 육근, 육경과 함께 십팔계가 된다.

이미 수차례 언급한 오온(五蘊, pañca-khandhā)의 경우도 마찬
가지이다. 색(色), 수(受), 상(想), 행(行), 식(識)이 인간(중생)을
구성하는 다섯 가지 요소이자 중생의 인지 내용 그 자체이기도
한 이상, 오온을 십이처나 십팔계와는 다른 방법으로 중생의 인
지를 분류한 것이라고 생각할 수도 있다. 실제로 후대의 교리학
에서는 그와 같은 생각으로 오온, 십이처, 십팔계에 대해 대응하
고 있다.[9]

말하자면 오온이나 십이처, 십팔계는 중생의 인지 내용을 분
류하였다는 점에서는 같지만,[10] 그 분류 방법이 다른 것이다. 예
를 들어 본 장 맨 앞부분에서는 "오온을 나[我]라고 생각하는 데
서 형이상학적인 인식이 나온다."라고 하는 '무기상응'의 경전을
소개하였는데, 그 바로 앞의 경전[11]에서도 밧차라는 성을 가진 유
행자와 불제자 목갈라나가 대화하며 '열 가지 무기(十無記)'에 관
한 문답을 주고받았다. 그 내용은 본문에서 소개한 부분과 거의
동일하지만 다른 점이라고 하면 외도의 유행자가 형이상학적인
물음에 답하는 원인을 "안, 이, 비, 설, 신, 의 육근을 '그것은 내
것이고 그것은 나[私]이므로, 그것은 나의 아(我)이다.'[12]라고 간

주하는"데서 구하고 있다는 점이다. 즉 아집의 대상은 오온만이
아니라 육근에서 일어나는 것도 같다는 뜻이다.

이상에서 알 수 있는 것은 오온이건, 십이처이건, 십팔계이건
표현은 다르지만 이들 모두 중생의 인지를 형성하는 요소를 가
리키며, "세계는 상주(常住)한다."라는 형이상학적인 인식이 나오
는 것은 그중 어떤 것인가를 "나[我]이다."라고 간주했을 때라는
점이다.

그러면 어째서 인지의 구성요소에 아집을 갖는 게 "세계는 상
주한다."라든지 "세계는 유한하다." 등으로 말하는 인식으로 이
어지는 것인가. 이 점을 알아보기 위해 다음으로는 고따마 붓다
가 말하는 '세상의 끝장'에 대해서 살펴보자.

___ '세계'의 끝장이 고(苦)의 끝장

본 장의 앞부분에 『로히땃사경(Rohitassa-sutta)』의 내용을 인
용하였다. 보다시피 인용한 부분은 고따마 붓다가 "세계의 끝장
(lokassa-anta)"에 대해 설한 부분으로, 상좌부권에서 중요하게 여
겨지며 자주 참조되는 내용이다. 경전은 로히땃사라고 하는 신
(神, deva, 天)이 고따마 붓다에게 다가가서 "생로사도 없고 윤회
하는 일도 없는 세계의 끝장에 이동(여행)함으로써(gamanena, by

going) 도달할 수가 있습니까?"라고 질문하는 것으로부터 시작된
다. "그렇게는 될 수 없다."는 고따마 붓다의 답을 반기며 로히땃
사는 자신의 전세(前世)에 대한 추억담을 말한다. 예전에 그는 공
중을 걸어 다니는 신통력을 갖고 있는 선인(仙人)이었는데, 그 나
아가는 속도가 동쪽 바다에서 서쪽 바다까지 한 걸음에 갈 수 있
을 정도였다. 그러한 속도로 이동함으로써 세계의 끝장에 이를
수 있기를 바랐지만, 백 년 동안 계속 나아가고도 결국 목적지에
도달하지 못하고 도중에 죽고 말았다고 하였다.

본 장 앞부분에 인용한 부분은 이 로히땃사의 이야기에 대한
고따마 붓다의 반응이다. 물론 그렇게 이동하는 것만으로는 결
코 세계의 끝장으로 도달할 수 없으며, 동시에 세계의 끝장에 도
달할 수가 없는 한 고통[苦]을 끝낼 수도 없다. 세계의 끝장은 공
간을 이동하여 도달할 수 있는 게 아니라 생각[想]과 의지[意]를
동반한 이 일심(一尋: 양손을 벌린 길이) 정도의 몸에서 찾아야만
한다는 것이다.

그와 같이 말한 고따마 붓다가 세계를 아는 현자이자 범행(梵
行)을 완성한 사람은 세계의 끝장에 이르게 되고 이 세계도 다른
세계도 추구하지 않는다는 취지의 게송을 설하면서 이 경전은
끝난다.

그런데 인용문 가운데 "세계와 세계의 집기(集起), 세계의 멸진, 그리고 세계의 멸진으로 이끄는 길〔道〕"이라는 표현은 사제(四諦)와 비슷하기 때문에 '세계'가 괴로움과 동일한 의미로 사용되었음을 알 수 있다. 그러므로 '세계의 끝장'은 '태어나지도 않고, 늙지도 않으며, 죽지도 않고, 죽은 다음 다시 태어나는 일도 없는 것과 같은' 곳, 즉 생로사의 괴로움이 존재하지 않는 경지이다.

그러나 그 '경지'가 어디엔가 있는 특정한 공간으로서의 장소는 아니다. 이미 확인한 바와 같이 '세계'가 욕망을 동반하는 중생의 인지에 의해서 형성되는 이상, 공간적으로 이동한다고 해서 '세계의 끝장'에 이르기는 불가능하다. 전세의 로히땃사가 여행한 기간이 백 년이 아니라 천 년이었더라도 그가 몸에 따르는 인지를 하면서 이동을 계속하는 이상 도달한 곳이 어디이건 그곳에는 항상 '세계'가 형성되기 때문이다.

그러므로 '세계의 끝장'이란 이동함으로써가 아니라 '생각〔想〕과 의지〔意〕를 동반한, 바로 이 일심(一尋) 정도의 몸에서' 실현할 필요가 있다. 다시 말하면 '세계'는 지금·여기, 이 몸에서 내재적으로 초월되지 않으면 안 된다.

'세계'를 다섯 가지 욕구〔五種欲〕라 하고, 또 '세계의 끝장'에 도달한 사람(lokantagū)을 '범행의 완성자(vusitabrahmacariyo)'라고 한다는 데서 알 수 있듯 '세계의 끝장'은 고(苦: 세계와 유사한)의 원인이라고 하는 갈애의 멸진과 밀접하게 관련되어 있을 것이다. 실제로 『로까야띠까경』에서는 "비상비비상처(非想非非想處)[13]를 완전히 초월해서 표상(表象)과 감수(感受)의 멸진을 성취하여 주(住)하고, 지혜로서 누(漏: 번뇌)가 완전히 사라진 것을 본 비구"가 '세계의 끝장'에 도달한 사람이라고 하고 있다.[14]

그렇다면 번뇌를 동반한 인지에 의해서 형성되는 '세계'란 어떠한 성질의 것이며, 그리고 그 '끝장'은 어떠한 상태를 가리키는 것일까?

___집착에 의한 고(苦)와 '세계'의 형성

『로히땃사경』에서 '세계'를 사제와 비슷한 표현을 사용하여 설하였으며, 거기에서 말한 '세계'는 괴로움(苦)과 같은 뜻이라는 내용은 위에서 설명하였다. 그리고 '세계'가 그러하듯 괴로움도 육근육경에 대한 집착이 원인이 되어 생긴다고 여러 경전에서 설하고 있다. 예를 들어 상응부의 『뿐나경(punna-sutta)』[15]에는 다음과 같은 기술이 있다.

뿐나여, 눈에 의해서 인지되는 모든 색들로 마음에 들고 구하려 하고, 뜻에 맞는 사랑스러운 모든 행태로 욕(欲)이 따르는 탐심으로 물든 것이 있다. 만약 비구가 그것을 기쁘게 맞이하고 집착하고 있으면 그와 같이 기쁘게 맞아들이고 집착하는 그에게 희열이 생겨난다. 그리고 뿐나여, 이 희열이 집기(集起)하는 데서부터 고(苦)가 집기하는 것이라고 나는 말한다.

이와 동일하게 눈에 의해 지각된 색(色) 외에 귀[耳], 코[鼻], 혀[舌], 몸[身], 뜻[意]에 의해 인지된 소리[聲], 냄새[香], 맛[味], 접촉[觸], 사물[法]에 대해서도 설한다. 즉 육근에 의해서 인지된 육경에 집착하여 기뻐하는 것이 괴로움의 원인이라는 취지의 설명이다. 그리고 이어서 이와 반대로 육근에 의해 인지되는 육경을 기쁘게 받아들이고, 집착하는 것을 그만 두면 희열도 사라지기 때문에 고(苦)는 멸진된다고 말한다.

이와 같이 육근육경에 대한 집착 때문에 고(苦)가 생겨나고 그와 동시에 '세계'도 생겨난다. 그러면 그것들의 멸진(滅盡, nirodha)이란 어떠한 상태를 가리키는 것일까?

예를 들어 상응부의 『육처 상윳따(六處相應, Saḷāyatana-saṃyutta)』(이하『육처상응』)라는 경전에서는 65경부터 68경에 걸쳐

[16] 사밋디라는 비구의 질문에 답하는 형태로 마(魔, māra), 중생(衆生, satta), 고(苦, dukkha), 세계(世界, loka) 각각에 대해서 말한다. 이들은 육근, 육경, 육식에 의해 인지되는 모든 법(法, viññātabbā dhammā)이 존재할 때 함께 존재하며, 이러한 것들이 없으면 마, 중생, 고, 세계와 그 개념(paññatti)은 존재하지 않는다고 설한다.

또한 『육처상응』의 제24경에서는 일체라는 곳의 육근, 육경, 육식 및 육근의 접촉과 그로부터 생기는 감수(感受)를 끊어 버려야 할 것(pāhatabba)이라 설하고,[17] 제154경에서는 만약 비구가 육근을 염리하고 이탐하여 멸진해서 집착하는 일 없이 해탈하였다면 그는 '현법열반에 이른 비구'라고 말해야 한다고 설하였다.[18]

이러한 내용을 통해 생각해 보면, 이 십이처 또는 십팔계의 비존재, 끊어 버림, 멸진인 상태는 육근육경에 의한 인지가 전혀 생겨나지 않는 것, 즉 "아는 것도 없고 보는 것도 없는(na jānāti na passati)" 상태를 의미한다고 할 수 있다.[19] 하지만 고따마 붓다나 그 제자인 아라한들이 깨달은 후에도 감각기관을 가진 몸으로 계속 살면서 다른 사람과 대화도 하였다는 점을 생각하면 이런 해석을 받아들이기는 쉽지 않으리라고 생각한다.

그렇다면 육근육경의 끊어 버림과 멸진, 그리고 고통과 '세계'의 끝장이라는 경지, 즉 '현법열반(diṭṭhadhammanibbāna; 지금 이 생애에서 달성된 열반)'이란 도대체 어떤 풍광을 말하는가?

희론적멸(戱論寂滅)

이에 대해 생각할 경우 참고가 되는 것이 증지부의 『꽃티따경(koṭṭita-sutta)』이다.[20] 제2장에서도 다룬 바 있는, 불제자 사리뿟따와 마하꽃티따의 대화를 그린 경전인데, 여기에서 화제가 되는 것이 육촉처(六觸處: 육근육경이 저촉되는 곳)의 남김 없는 이탐과 멸진이다.

먼저 마하꼬띠따가 "육촉처가 남김없이 이탐하고 멸진했을 때 무언가 다른 것이 존재합니까?"라고 묻자, 사리뿟따는 부정하였다. 계속해서 마하꽃티타는 "다른 것은 아무것도 존재하지 않는 것입니까?", "존재하면서 존재하지 않는 것입니까?", "존재하는 것도 아니고 존재하지 않는 것도 아닌 것입니까?"라고 질문을 이어갔지만 이 질문들 역시 사리뿟따에게 하나하나 모두 부정된다.

보다시피 이 부분은 '무기'의 질문 형식을 답습하였다. 열거된 그 질문들에는 물론 모든 논리적인 가능성이 담겨 있다. 그러나 마하꽃티따가 무엇으로든 선택 가능한 질문을 했음에도 불구하고 이 질문들은 모조리 부정되고 만다. 그래서 마하꽃티따는 이를 어떻게 이해해야 하는지를 사리뿟따에게 물었다.

이에 사리뿟따는 위의 네 가지 질문은 어느 쪽을 긍정해도 "분별의 상(相)이 아닌 것을 분별의 상(相)으로 초래하게 된다 (appapañcaṃ papañceti)."고 말한다. 그리고 육촉처가 기능하고 있는 한 분별의 상도 기능하고, 또 분별의 상이 기능하는 한 육촉처는 기능한다고 설한다. 그래서 육촉처가 남김없이 이탐, 멸진했을 때 분별의 상이 멸진하고 적멸한다고 설하며 이 경전이 끝난다.

그런데 여기서 중요한 것은 '분별의 상'이라고 번역한 빠빤짜 (papañca, s. prapañca)라는 용어로, 이 용어의 한역어는 '희론(戱論)' 이다. 하지만 불교 사상사에서 중요한 의의를 갖는 이 술어는 다양한 의미로 확대될 수 있기 때문에 간단히 번역하기는 어렵다. 빠빤짜(papañca)는 본래 확대, 확산하다의 뜻이고, 분화(分化)나 다양화라는 상황을 가리키기도 한다. 영어로 말하면 expansion, diffuseness, manifoldedness의 뉘앙스이다.[21] 말하자면 원래 분별 되어 있지 않은 것을 나눠서 경계를 짓고 거기에 다양성을 부여 하여 확산, 복잡화시키는 작용을 뜻한다. 참고해 두면 좋을 것 이다.

그리고 본래는 분별되어 있지 않은 것을 분별해서 다양화한 것이기 때문에 여기에는 망상, 환상(illusion), 미집(迷集, obsession)

이라는 뜻도 포함되어 있다.[22] 그러므로 빠빤짜는 '희론(우스개와 같은 무익한 담론)'이라는 번역어로 표현되듯 불교에서는 부정적인 의미로 사용한다.

그러면 『마하꼬띠따경』으로 다시 돌아가 보자. 문제의 부분에서 사리뿟따가 말한 내용은 육촉처가 남김없이 이탐, 멸진했을 때에 무엇인가 다른 것이 '있다'거나 '없다'고 말해 버리면 빠빤짜가 아닌 것(appapañcaṃ)이 빠빤짜가 되어 버린다[23]는 의미이다. 즉 '있다'든지 '없다'라고 판단을 할 수 있는 것은 빠빤짜가 기능하고 있을 때뿐이고, 육촉처가 멸진되고 빠빤짜 또한 멸진되었을 때에는 그러한 판단이 성립되지 않는다.

이러한 사정을 고려하여 생각해 보면, 앞에서 말한 육근육경의 끊어 버림과 멸진에 관한 의문에 대해서도 합당한 설명을 해 줄 수 있지 않을까 한다. 고따마 붓다와 그 제자인 아라한들은 '현법열반'에 도달하여 육근육경을 멸진해서 '세계'를 끝내고 있었겠지만, 그렇다고 해서 그들이 "아는 것도 없고 보는 것도 없는", 돌과 마찬가지인 존재가 되어 버린 것은 아니다.

육근육경이 '멸진'되었을 때 존재하지 않는 건 인지 그 자체라기보다는 거기에 '있다'든지 '없다'와 같은 판단을 성립시키는 근저에 있는 '분별의 상', 즉 확산(擴散), 분화(分化), 환상화

(幻想化)의 작용인 빠빤짜였을 것이다. 그러므로 '세계의 끝장'에서 일어나는 것은 인지의 소실이 아니라 '희론적멸(戲論寂滅, papancavupasamo)'이라는 말이다.

__나[我]가 '세계' 상(像)의 초점이 된다

이에 대해 실천적인 관점도 더해 가면서 보다 자세하게 살펴 보기로 하자. 이전에 내가 미얀마의 명상센터에서 위빠사나 수행을 하고 있을 때였다. 그때 나를 지도해 주던 승려들이 집요하게 지적한 내용이 "각각의 현상의 있는 그대로를 보라. 이미지를 만들지 마라."라는 것이었다.

예를 들어서 우리들은 일상생활에서 아주 당연하게 '이성(異性)'을 인식하고, 거기에 집착하는 경우가 있다. 그런데 이성이란 실제로는 감각에 입력된 소재를 버무려서 형성한 이미지로, 비유적으로 말하면 '이야깃거리(物語)'에 불과하다.

실제로 우리들이 인식하는 '아름다운 얼굴'을 자세히 분석해 보면 눈에 들어 와 있는 색의 조합에 지나지 않는다. 또한 '아름다운 목소리' 역시 단지 고막을 진동시키는 음파 수에 의해 형성된 것에 불과하다. 우리들이 갖고 있는 '아름다운 이성'이라는 인식은 이와 같은 감각의 입력을 소재로 하여 구성된 단순한 이미지 또는 이야깃거리에 지나지 않는다는 말이다. 그러므로 그 구성 방법을 잠깐 바꾸어 보면 제1장에서 소개한 내용처럼 마간디야라는 예쁜 여인을 '똥·오줌으로 가득 찬 사람'이란 이미지로 인식할 수도 있다.

그러면 왜 우리들은 '있는 그대로[如實]' 받아들이지 못하고 이미지를 형성하며 이야깃거리의 '세계'를 만들고 마는 것인가. 이는 본 장에서 인용한 경전에서도 반복하여 말하듯 우리들이 오온, 십이처, 십팔계라고 하는 인지를 형성하는 모든 요소에 욕망을 품고 거기에 집착하여 실체시(實體視)하기 (나; 我라고 간주하는) 때문이다.

감각의 입력에 의해서 생기는 인지를 '있는 그대로'로 놓아두면 다만 무상(無常)한 현상이 잇달아 생겨날 뿐, 거기에 실체나 개념은 존재하지 않는다. 따라서 '있다', 또는 '없다'는 카테고리의 판단도 무효가 되기 때문에 (그것 자체가 분별이다.) 그 풍광에서는 육근육경도 멸진되어 있다. 그래서 이때에는 '세계'가 만들어지지 않는다. 언어로 표현하기 어렵지만, 구태여 간략히 표현한다면 '단지 현상뿐'이라는 것이 곧 '여실(如實)'이 가리키는 바이다.[24]

다만 우리들 중생은 타고난 성향 때문에 대상을 희구하는 갈애(渴愛, taṇhā)를 가지고 있다. 그로 인해 대상을 좋아하거나 싫어하는 '버릇〔癖〕'(탐욕(rāga)과 진에(dosa))도 붙게 되며, 무엇보다도 그에 대해 무자각(愚癡, moha, 혹은 無明, avijjā)하다.

그래서 우리들은 다만 잇달아 생겨나는 만큼의 현상에 욕망을 품고 이를 좋아하거나 싫어하는 등의 집착(싫어하는 것 역시 또 정반대의 집착 형태이다.)을 한다. 그리고 그것을 기점으로 이야깃거리를 만든다. 욕망이 없는 인지라면 단지 '색'에 불과하지만 욕망에 의해 '예쁜 얼굴'이라는 이미지를 형성하는 것이다.

이렇게 욕망에 따라 짜 맞춰진 다양한 이미지 속에서 '세계'라는 상을 엮어 내는 중심점이 바로 '나〔我〕'라고 하는 가상(假象)이다. 오온이나 십이처, 십팔계도 '나의 것(私の)'이라고 인지(認知)하고 받아들였을 때 비로소 통합의 중심이 되어 '세계'라는 이야깃거리를 형성하는 요소로서 작용한다. 육근육경이 만들어 내는 개개의 인지를 '그것은 내 것이고, 그것은 나이므로, 그것은 나의 아(我)이다'라고 받아들이지 않으면 통합의 중심을 잃는다. 그래서 다만 잇달아 발생될 뿐, '세계'라고 하는 상을 형성하는 일은 없다. 이때 남는 것은 "오직 현상뿐"인 것이다.

이와 같이 갈애, 번뇌, 아집에 의거하여 이미지를 형성하고, 그로 인해 현상을 분별하여 다양화, 복잡화시키고 '이야깃거리'

를 형성하는 작용을 앞에서 소개한 빠빤짜라는 말로 표현해도 좋을 것이다. 그리고 이 빠빤짜의 멸진 내지 적멸이 '세계의 끝장'이며, 또 '현법열반'의 경지라는 것은 앞에서 설명한 그대로이다.

실제로 빨리어 경전에 의거한 실천을 하는 상좌부권의 명상 센터에서 수행하는 사람들의 목표 중 한 가지가 이 경지에 이르는 것이다. 나에게 "각각의 현상의 있는 그대로를 보라. 이미지를 만들지 마라."라고 끈질기게 말한 것도 이 빠빤짜라는 이야깃거리를 만드는 작용을 멈추고, 더 이상 고통스런 '세계'에 얽매이지 않도록 하기 위한 친절한 지도였던 것이다.

___왜 '무기(無記)'였던 것인가

이와 같이 생각해 보면, 본 장 앞부분에 나온 '아집은 왜 형이상학적인 인식으로 이어지는가?'라는 의문에 대한 답은 이미 나온 것이나 마찬가지이다.

지금까지의 서술에서 확인한 바와 같이 욕망에 의거하여 만들어지는 다양한 이미지가 나[我]라고 하는 가상(假象)을 중심으로 '전체'라는 상(像)을 형성한 것이 '세계'라고 하는 이야깃거리이다. 이렇게 만들어진 '세계'는 '마', '중생', '고'와 마찬가지로 빠빤짜가 작용하는 동안에는 존재하지만, 그 작용이 적멸하면 존재하지 않는다. 엄밀히 말하면 빠빤짜가 멸진된 경지에서는 존재, 비존재라고 하는 분별이나 판단의 작용 자체가 정지된다.

그와 같이 '세계'란 실제로는 가상의 이야깃거리에 불과하기 때문에, 그것이 욕망하는 '나[私]'의 인지와는 별개로 독립적인 사실로서 유한인지 무한인지를 묻는 건 전혀 맞지 않는 질문이고, 그러한 질문을 하는 사람에게는 답을 해 줄 수가 없다. 『로히땃사경』에서 설하고 있는 바와 같이 인지가 아집을 동반하는 한 '세계'라는 가상은 어디로 이동을 하더라도 계속 생성된다. 하지만 아집이 떨어져 분별의 상(相, papañca, 戱論)이 적멸해 버리면 그 가상도 지금, 여기의 '이' 몸에서 '끝장'이 된다. 다만 그뿐인 것이다.

하지만 이를 알지 못하는 사람들은 인지의 모든 요소에 아집을 일으키고, 그것을 중심점으로 하여 '세계'라는 이미지를 만들고 그 상을 실체로 여긴다. 그와 같이 아집에 의해 잘못 만들어진 실체를 알아차리지 못하고, 여실의 풍광에서 보면 가상에 불과한 '절대적 전체'로서의 '세계'를 '상주(常住)이다'라거나, '유한(有限)하다'라고 판정하는 게 '외도의 유행자들'이다. 그래서 고따마 붓다는 '그들은 오온을 나[我]라고 생각하기 때문에 그와 같은 물음에 답한다'라고 설했던 것이다.

　이와 같은 사정은 고따마 붓다가 '무기'라는 태도를 취했던 다른 물음들에서도 찾아볼 수 있다. 예를 들어 여래의 사후 존재 또는 아(我: 아트만)의 절대적, 실체적인 의미에서의 존재나 비존재에 대해 질문을 받았을 때이다. 애초에 '있다' 혹은 '없다'는 카테고리적인 판단은 실체가 아니라 빠빤짜의 수준에서 다루어지고 있는 이상 열거된 선택지 중 어느 쪽을 택한다 하더라도 결코 적절한 회답이 되지 못한다.[25] 그래서 고따마 붓다는 그러한 여실의 풍광에서 보면 묻는 것 자체가 무의미한 질문을 받았을 때는 직접적으로 답하지 않았다. 그리고 그 대신 고(苦)의 멸진과 열반으로 인도하는 사제의 가르침을 설하였다. 연기의 이법(理法)을 알고 현상을 여실지견함으로서 고(苦)와 '세계'가 멸진되면 그와 같은 존재나 비존재에 관한 물음이 무의미하다는 것은 자연히 알게 되기 때문이다.[26]

___염리(厭離)하고 이탐(離貪)하여 해탈하다

　이상과 같이 아집과 형이상학적인 인식의 관계, 그리고 '세계'의 끝장이자 고(苦)의 끝인 '현법열반'의 풍광에 대해서는 분명해졌다. 그러면 그 현법열반에 이르기 위해서 우리들은 무엇을 실천해야 할 것인가.

우선 이미 여러 차례 언급한 바와 같이 우리들이 열반에 이르기 위한 기본적인 과정은 염리에서 이탐으로, 이탐에서 해탈로 그리고 해탈에서 해탈지견으로, 라는 흐름이다. 이에 대해서는 이미 경전에서 수차례 되풀이하여 언급하고 있다.

예컨대 상응부 '무더기 상윳따(蘊相應, Khandha-saṃyutta)'의 제59경에서[27] 고따마 붓다는 오온의 각각에 대해서 예를 들어가며 무상, 고, 무아를 설한 후 다음과 같이 말했다.

비구들이여, 나의 가르침을 잘 들은 성스러운 제자는, 그와 같이 보고 색(色)에서 염리하고, 수(受)에서 염리하고, 상(想)에서 염리하고, 행(行)에서 염리하고, 식(識)에서 염리한다. 염리하고 그는 이탐한다. 이탐하고 그는 해탈한다. 해탈했을 때에는 '해탈했다'라는 지혜가 생겨난다. 그리고 그는 '생은 다하고, 범행은 완성하고, 해야 할 일은 다하고, 이미 이 미혹의 생(生)의 상태에 이를 일은 없다'는 것을 아는 것이다.

이 경전에서는 오온을 염리하는(nibbindati) 과정을 설하는데, 『육처상응』의 경전에 이르면 염리하는 대상은 육근육경이 된다.[28] 즉 오온이든 십이처든 인지를 구성하는 요소인 무상, 고, 무아를 관(觀)하고, 이를 염리하고 이탐하는 게 해탈로 가는 길이라는 말이다.

인용부의 "염리하고 그는 이탐한다. 이탐하고 그는 해탈한다." 이하의 문구는 귀찮을 정도로 경전에서 자주 보는 정해진 문구지만, 이 역시 고따마 붓다가 실제로도 반복해서 설하였고, 교설의 핵심 부분이라는 점을 염두에 두어야 할 것이다. 그렇다면 실천자는 인지의 모든 요소로부터 염리하고 이탐하기 위해서 구체적으로 무엇을 해야 하는 것일까?

___마음챙김(sati)의 실천

이 점에 대해서는 『숫타니파타』에서 "세계(loka)에서 모든 번뇌의 흐름을 가로막는 것은 마음챙김(sati)이다. 이 번뇌의 흐름에 대한 방어를 나는 설한다. 그 흐름은 지혜(paññā)에 의해서 닫힌다.[29]"라고 설한 구절이 참고가 될 것이다. 즉 그대로 내버려두면 대상에 대한 집착으로 인해 흘러가는 번뇌의 움직임을 일단 멈추게 하는 것이 마음챙김이고, 그 흐름을 막아 버리는, 즉 근절시키는 것이 지혜라는 말이다.

이 '마음챙김'이란 현상에 깨어 있고, 자각하는 것(awareness,

mindfulness)이라고 간단하게 생각해도 상관없다. 예를 들어 상응부 『육처상응』의 제70경에서 우파바나라고 하는 비구는 고따마 붓다에게 이법(理法, dhamma)은 어떠한 점에서 "실제로 증명할 수 있는 것이고, 시간의 제약을 떠난 것이며, '와서 보라'고 보이는 것이며, 또 열반으로 이끄는 것이고, 지자(智者)에 의해서 각자에게 알려져야 할 것이다."라고 설하는지 물었다.[30] 이에 대해 고따마 붓다는 육근에 의해서 육경을 지각[感受]했을 때, 육경에 대한 탐욕이 있으면 "내 안에 (육경에 대한) 탐욕이 있다."고 알고, 없으면 "내 안에 (육경에 대한) 탐욕이 없다."고 아는 것과 같이 이법은 "실제로 증명할 수 있는 것" 등의 성질을 갖고 있다고 답하였다.[31]

다시 말해서 인지가 일어날 때 수행자의 내면에 대상에 대한 탐욕이 있으면 '있다'라고 알아차리고, 없으면 '없다'고 자각한다는 뜻이다. 그와 같이 고따마 붓다의 이법은 분명하여 때를 가리지 않고 실천할 수 있으며, 열반으로 인도한다는 것이다. 이러한 내용은 명백한 것이어서 알기가 쉽다.

그리고 이 마음챙김의 실천에 대해 한층 구체적이고 체계적으로 상세하게 설한 경전이 장부(長部)의 『대념처경 (Mahāsatipaṭṭhāna-sutta)』, 혹은 중부(中部)의 『염처경(Satipaṭṭhānasutta)』이다.[32] 이 중 『대념처경』의 전반에는 『염처경』과 같은 내용이 담겨져 있다. 이 부분에서는 사념처(cattāro satipaṭṭhāna)라고 불리는 신(身), 수(受), 심(心), 법(法) 각각의 대상을 '관찰하고, 열심히, 올바르게 알고서, 마음챙김을 지니고, 세계에 있어서의 탐욕이나 걱정거리를 제거하고 주(住)한다'고 설한다.

여기서는 그 내용에 대해 자세히 검토할 여유는 없지만, 예를 들어 보면, 신체의 경우 걷고 있을 때에는 '걷고 있다'고 알고, 서 있을 때에는 '서 있다'라고 알아서, 그 몸에서 일어나고 사라지는 현상을 관찰하라는 실천하기 쉬운 가르침이 많다.

또한 두 경전의 앞머리에서는 사념처(에서의 마음챙김의 실천)야말로 열반을 실현하기 위한 '유일한 길(ekāyano maggo)'이라고도 말하고 있다. 그래서 상좌부권에서는 이 가르침이 상당히 중시되어 많은 사원이나 명상센터에서 현재도 왕성하게 실천되고 있다.

이 마음챙김(sati)의 실천은 영어로 마인드풀니스(mindfulness)라고 번역되며, 현재 대승을 포함한 전 세계 불교도들에게 주목받고 있다는 사실을 제2장에서 소개한 바 있다. 그리고 또 마음챙김은 '중생이 버릇에 의해 맹목적으로 행위를 계속하고 있는 상태〔漏, 煩惱〕'를 멈추게 하기 위해 하는 실천이라는 것 역시 같은 곳에서 언급하였다.

즉 걷고 있을 때에는 '걷고 있다', 서 있을 때에는 '서 있다'고 알아차리는 등 언제라도 자신의 행위에 의식을 두어서 (mindfulness), 거기에 탐욕이 있으면 '있다'고 알아차리고, 없으면 '없다'고 알아차려야 한다. 그와 같은 의식의 존재를 일상화하는 것으로 익숙해져 버린 맹목적이고 습관적인 행위(번뇌의 흐름)를 '막아 버리는' 것이 마음챙김(sati)의 실천이다.[33]

___ 현법열반(現法涅槃)

이와 같이 마음챙김을 실천하여 내외의 인지(認知)에서 생겨나고 사라지는 현상을 끊임없이 관찰함으로써 수행자는 무상, 고, 무아의 삼상을 통찰하고, 괴로움의 현상을 염리하고 이탐하여(탐냄을 떠나) 집착함이 없어진다.[34]

상응부의 『웨살리경(Vesālī-sutta)』에서 고따마 붓다는 "현법(現法)에 열반에 들 수 없는 사람의 원인이나 조건은 무엇이며, 또 현법에 열반에 들 수 있는 사람의 원인이나 조건은 무엇인가?"라는 질문에 대해 "육근에 의해 인지되는 육경을 매우 기뻐하며 받아들이고 집착하는 비구는 열반에 들어갈 수 없으며, 그렇게 하지 않는 비구는 열반에 들어 갈 수 있다. 이것이 현법에 열반에 들 수 있는 사람/들 수 없는 사람의 원인과 조건이다."라고 답하였다.[35] 마음챙김을 실천함으로써 집착을 방지하는 수행자가 바로 이 현법열반의 조건을 충족시키고 있다고 말할 수 있을 것이다.

이상과 같이 마음챙김이 일상화되고, 자신의 행위에 항상 의식이 미치는 수행자는 연생하는 현상인 무상, 고, 무아의 성질을 있는 그대로 보고 (여실지견하여) 이를 실체화하는 일이 없다. 그리고 설사 내면에 탐욕이 일어났다고 해도 이 또한 하나의 현상으로서 다만 '있다'고 알아차릴 뿐, 이를 집착으로 발전시키는 일은 없다.

그와 같이 대상에 대한 집착을 방지하고 또 무아의 이법을 통찰하여 아집도 일으키지 않는 수행자는 집착이나 아집을 원인으로 해서 생기는 분별의 상(papañca), 즉 '이야깃거리의 세계'를 만들어 내는 일이 없으며, 거기에 휘둘리는 일도 없다. 즉 무상, 고, 무아의 현상을 실체로 여기고, 이야깃거리를 형성하여 끝이 없는 불만족(苦)의 주파수에 휘감기는 일이 없게 되는 것이다.

이러한 이치를 완전하고 결정적으로, 즉 번뇌에 이끌려 '이야깃거리 세계'를 다시 실체화하는 일이 없는 방법으로 실현시킬 수 있다면 그것이야말로 지금, 여기의 생에서 달성된 고(苦)의 멸진이며, '최고의 낙(樂)'이기도 한 경지, 즉 현법열반이라고 말할 수 있을 것이다.

실제로 상좌부권의 명상센터에서 알아차림의 실천인 위빠사나[36]를 닦고 있는 사람들이 지향하는 것이 바로 이러한 경지이다. 다만 이를 실현하기 위해서는 앞서 인용한 『숫타니파타』의 게송에도 있듯이 번뇌의 흐름을 단지 '막아 버리는' 것만이 아니라 지혜로 '닫아 버리는' 것, 즉 갈애와 번뇌의 남김 없는 멸진이 필요하다.

__다음 장으로의 이행

본 장에서는 고따마 붓다가 말하는 '세계'의 성질에 대해서 생각해 보고 그 '끝장'에 대한 하나의 의미, 즉 '현법열반'의 풍광과 그곳에 이르는 실천에 대해서 분명하게 살펴보았다.

하지만 열반에 대해서 생각해 보아야 할 내용은 아직 남아 있다. 위에서 살펴 본 바와 같이 '마음챙김'은 번뇌의 흐름을 막기는 하지만 닫아 주지는 않으므로 갈애를 근절하여 수행자에게 해탈지견을 주는 '지혜'의 성질까지 검토하지 않으면 열반의 고찰로서 충분하다고 말할 수 없다.

다음 장에서는 이 점을 주제로 논하고자 한다. 그리고 이를

통해 '불교사상의 제로포인트'인 열반의 성질에 대해서 고찰해
보자.

제 6 장

불교사상의
제로포인트

: 해탈 · 열반이란 무엇인가

○   제행(諸行)은 실로 무상하고

     생성소멸하는 성질의 것이다.

     생겼다가는 사라져 가고

     그 적멸(寂滅)이 낙(樂)이다.[1]

     ··· 무상게(無常偈)

__열반이란 결정적인 것

현대 일본에서 "나는 깨달았습니다."라든가 "해탈했습니다." 라고 선언하는 사람은 승속을 불문하고 거의 없다. 스님이나 명상을 실천하는 사람은 많지만 경전에서는 잇달아 나오는 해탈자를 거의 볼 수 없다는 점은 새삼 생각해 보아도 정말 부사의한 일이다. 물론 그 이유를 추측해 보면 간단하다. 제3장에서 언급한 것처럼 일본에서는 '깨달음'이라고 하면 원만한 인격 완성자로서의 부처님의 깨달음에 대한 이미지가 강하다. 그래서 경솔하게 '깨달았습니다'라고 말해 버리면 이후의 모든 행위에서 도덕적으로나 사회적으로나 완벽할 것이라는 기대를 받게 될 텐데

이보다 귀찮은 일은 없다.

무엇보다 "나는 깨달았다."라고 선언하는 건 아무래도 겸양의 미덕이 없는 것처럼 느껴진다. 실제로 드물게 '최종의 해탈자'라고 칭하는 사람이 나타났었는데 실은 테러리스트였다.(옴진리교 교주인 아사하라 쇼코를 지칭하는 것임-편집자) 여하튼 "나는 아직 멀었습니다."라고 말해 두는 쪽이 여러 면에서 좋다.

이런 상황 자체는 현대 사회가 처해 있는 입장에서 보면 어쩔 수 없는 일이기 때문에 그 선악을 비평할 생각은 없다.[2] 다만 여기서 확인해 두고 싶은 건 적어도 불교의 개조(開祖)인 고따마 붓다의 해탈·열반에 대한 태도는 결코 그렇게 애매모호하지는 않았다는 점이다.

앞 장에서 확인한 바와 같이 염리와 이탐을 거쳐 해탈에 도달한 사람에게는 반드시 '해탈했다'는 지혜[智]가 생긴다고 경전에서는 수없이 되풀이하여 말한다. 그리고 이 '해탈지견'을 얻은 수행자는 "나의 해탈은 부동(不動)이다."라든지, "더 이상 다시 태어날 일은 없다.", "범행(梵行)은 완성되었다.", "해야 할 일은 해 마쳤다." 등과 같은 명백한 자각이 있다. 말하자면 열반을 증득한 자가 실존하는 모습은 그 시점에서 결정적으로 전환된다는 것이고, 이는 이후에도 변함없는 행도(行道)의 완성이기도 하다.

하지만 본래 해탈 · 열반은 절대 애매하지 않고, 결정적이고 명백한 실존의 전환이라는 점이 현대 일본인들의 취향에는 맞지 않기 때문인지, 일단은 그렇게 말을 해도 정면에서 문제화시켜 검토되는 경우는 거의 없다. 하지만 이러한 내용은 경전에서 몇 번이고 거듭 명시되고 있을 뿐만 아니라 적어도 고따마 붓다의 불교에 대해서 고찰해 볼 경우 결코 제외할 수 없는 교설의 기본적인 특징임을 생각해야 한다.

그러면 고따마 붓다와 그 제자들에게 결정적이고 명백한 실존의 전환을 초래한 해탈 · 열반, 그리고 그 순간에 일어나는 경험[3]은 도대체 어떠한 성질의 것이었던가? 이에 대해 언어의 능력이 미치는 범위에서 답하는 것이 본 장의 과제이다.

___이르는 길은 어렵지 않다(至道無難)

6세기 중국에 승찬(僧璨)이라고 하는 선승(禪僧)이 있었다. 선종 제3조(祖)인 사람인데, 그의 저술인 『신심명(信心銘)』의 앞부분에 "이르는 길은 어렵지 않다. 오직 간택(揀擇)을 하지 말고(따지기를 피하고), 다만 증애(憎愛)가 없다면 통연(洞然)하여 명백하다."[4]라고 하는 유명한 말이 있다. "최상의 도(道)라 해도 어려운 것이 아니다. 다만 좋지 않은 건 좋아하는 것만을 택하는 거야.

저건 좋고 이건 싫다고 하는 걸 그만 둔다면 실로 명백한 것이지."라는 뜻인데, 고따마 붓다의 현법열반을 묘사한 표현으로도 그대로 적용될 수 있을 것이다.

앞 장에서 언급한 바와 같이 우리들 중생에게는 본래 타고난 성향으로서 대상을 좋아하거나 싫어하여 집착하는 번뇌, 즉 탐욕과 진에가 갖추어져 있다. 우리들은 그러한 번뇌의 작용에 언제나 무자각하기만 해서 '이야깃거리의 세계'를 형성하고, 그것에 휘둘려 고(苦)를 경험하는 것이므로, 이 진에와 탐욕, 즉 '증애'의 작용을 멈추게 하면 그곳이 바로 현법열반의 경지가 된다.

그러나 말은 그렇게 간단할 수 있어도 이를 현실적으로 실행하기란 승찬이 말하는 것처럼 '어렵지 않다〔無難〕'라고는 도저히 말할 수 없다.

『염처경』에 의하면 마음챙김의 실천이야말로 열반에 이르는 '유일한 길'이다. 이 말이 틀리다는 건 아니지만 실제로 목표에 도달하기란 좀처럼 쉽지 않다는 건 스스로 실천해 본 경험이 있는 사람이라면 누구나 다 알고 있을 것이다. 경험해 보지 않았더라도 그 어려움을 상상하기란 그리 어렵지 않다.

앞 장에서 '아름다운 이성'이라는 인식은 실제로는 입력된 감각을 소재로 하여 빚어낸 이미지에 불과하다고 말하였는데, 그

논의에 납득한 사람이 '좋아, 그러면 나는 앞으로 그러한 이미지를 만들지 않을 거야'라고 결심했다고 가정해 보자. 그래서 그 사람이 방을 나와 예쁜 미인을 만났다면 그는 그 미인을 '미인'이라고 인식하지 않을 수 있을까? 물론 그런 일은 없다. 미인은 역시 미인이고, 이성은 역시 이성이다.

마찬가지로 맛있을 것 같은 음식을 보면 식욕이 솟아오르고, 독사를 보면 무서워서 도망가게 된다. 그리고 책상은 역시 책상이고, 컵은 역시 그대로 컵이다. 말하자면 아무리 '그렇게 하겠다'고 결심한다 해도 곧바로 '다만 현상뿐'이라고 인식이 전환되거나 하지는 않는다는 말이다.

이 자체는 당연한 태도이고 실제로 우리들이 '사실'이라고 말하는 인식이다. 불교의 입장에서 보면 그 가운데서 '있다', 혹은 '없다'고 판단을 하는 테두리 그 자체가 분별의 상(papañca)의 소산이 된다. 그리고 분별의 상인 '이야깃거리의 세계'는 처음에 형성되는 시점에서 대상에로의 탐욕과 진에를 끌어넣어 성립된다. 즉 범부에게 있어서 '사실'이고 '현실'인 '세계'는 처음부터 욕망에 의해서 짜여 만들어지고 있다는 것이다.

그와 같은 '세계'를 끝내기 위해서는 단지 내면에서 현상이 되어 가는 개개의 번뇌를 알아차리고 이를 '막아 버리는' 일만으로는 너무도 부족하다. '세계의 끝장'에 이르기 위해서는 그 성립의 근원에 있는 '번뇌의 흐름' 그 자체를 '메우는' 것을 근절해야 한다.

제2장에서 확인하였던 사제설 중 멸제에 대해서 고따마 붓다는 "그 갈애를 남김없이 여의어 멸진하고 버려 버리고 놓아 버려서 집착이 없는 것이다."라고 설하며 갈애를 철저하게 멸진해야 함을 강조하였다. 대상에 대한 근원적인 희구(希求) 작용인 갈애를 완전하고도 결정적으로 멸진하지 않는 한 그로 인해서 성립되는 '세계'와 고(苦)의 종결에는 도달할 수가 없기 때문이다.

다시 말하면 고따마 붓다와 그 밑에서 '해탈지견(解脫知見)'을 얻은 제자들은 이 갈애의 "완전하고도 결정적인 멸진"을 달성하였고, 그렇기 때문에 "해야 할 것은 해 마쳤다."고 자각을 하였다는 뜻이다. 그리고 이는 사태의 성질상 어느 시점에서 명백하게 경험되는 실존(의 모습)의 전환이고 그 자각이 아니면 안 된다.

실제로 마음챙김의 실천을 통해서 내면에 생기는 번뇌를 자각하고 현상을 끊임없이 관찰하면 확실히 집착은 엷어지게 되지만 근절되는 것은 아니다. 불교의 전제(前提)에 따르면 번뇌는 과거 무량한 업의 결과로서 생겨난다. 기껏해야 백 년 정도의 일생 동안 지속적으로 '막아 버린다' 해도 '번뇌의 흐름'이 완전히 다해 버릴 수는 없기 때문이다. 그러므로 언제까지나 "도(道)는 아직 먼 상태"라는 말만 할 것이 아니라 "해야 할 일은 해 마쳤다." 라고 분명하게 말하기 위해서는 흐름을 근절시키기 위한 결정적인 별도의 경험이 필요하다.

___지혜는 사고(思考)의 결과가 아니다

그러면 그러한 "해야 할 일은 해 마쳤다."고 하는 결정적인 실존의 전환에 대한 자각은 대체 어떠한 경험에 의해서 일어나는가?

이 질문에 대해 앞 장에서 인용한 『숫타니파타』의 게(偈)[5]에서는 '지혜'라고 답한다. 다만 주의하지 않으면 안 될 것은 '지혜'라는 글자에 끌려 들어가 이를 개념적 사고와 일상 의식의 연장선에 있다고 생각해서는 안 된다는 점이다.

고따마 붓다의 '깨달음'이 '사고(思考; 생각하는 것)'에 의해서 초래되었다는 해석은 현대 일본에도 여전히 뿌리 깊게 남아 있다. 『성구경』의 기술에 의하면,[6] 고따마 붓다는 출가 후에 먼저 알라라깔라마, 그리고 웃다까라마뿟따라고 하는 두 스승 밑에서 '무소유처(ākiñcaññāyatana)', '비상비비상처(非想非非想處, nevasaññānāsaññāyatana)'에 이르는 선정을 닦았으나 그 경지에 만족하지 않고 계속해서 고행을 실천하였다. 그리고 그 고행의 무의미함을 알고 난 다음에는 고행도 버리고 마지막으로 보리수 아래에 앉아 정각을 이루었다고 한다. 즉 고따마 붓다가 마지막으로 한 행동이 명확하지는 않지만, 선정도 아니고 고행도 아니라면 분명 사고였음이 틀림없다는 해석이다.

하지만 경전의 기술을 따르는 한 이런 식의 해석은 곤란하다고 생각한다. 고따마 붓다의 '깨달음'의 내용을 '삼명(三明, tevijjā)'이라고 말하는데,[7] 이는 '숙주수념지(宿住隨念處, pubbenivāsānussati-ñāṇa)'와 '중생사생지(衆生死生智, sattānaṃ cutūpapāta-ñāṇa)', 그리고 '누진지(漏盡智, āsavakkhaya-ñāṇa)'의 세 가지이다. 이 가운데 누진지는 제2장에서도 언급한 바와 같이 누(漏;번뇌)를 멸진시켜 해탈을 완성케 하는 지(智; 明)를 말하지만 나머지 두 가지는 자신의 수많은 과거 생을 돌이켜 보고(숙주수념지), 중생의 죽음과 환생을 있는 그대로 안다(중생사생지)는 윤회 전생에 관련된 지(智;明)를 말한다.

이와 같은 인지는 더 말할 것 없이 일상적인 의식에서 생겨나는 것이 아니다. 실제 경전의 기술에 따르면 고따마 붓다는 세 가지 명(三明)이 생기기 전에 먼저 초선(初禪)에서 제4선(四禪)까지의, 소위 말하는 색계선정(色界禪定)에 들어간다.[8] 즉 선정이란

'깨달음'의 내용 그 자체는 아닐지 모르지만 그 강렬한 집중력이 초래하는 일종의 변성의식(變性意識)은 분명히 '깨달음'의 전제가 되었을 것이다.

예를 들어서 상응부의 『삼매경(三昧經, Samādhi-sutta)』[9]에서 고따마 붓다는 "비구들이여, 삼매(Samādhi, 定)를 닦아 익혀라. 선정에 든(入定) 비구는 여실하게 지혜를 보게(知見) 된다."라고 가르치고, '여실하게 지혜를 보는(知見)' 대상은 오온의 집기(集起)와 멸몰(滅沒)이라고 설한다. 말하자면, 오온의 생성과 소멸을 여실하게 지견하여 현상의 무상, 고, 무아를 깨닫는다는 고따마 붓다의 불교의 기본선(基本線)도 정(定, 사마띠)의 집중력이 뒷받침되어 있다는 것이다.

이 자체는 계(戒), 정(定), 혜(慧) (계율과 선정, 지혜) 삼학(三學)이라는, 종파를 불문한 불교 기본 교리의 입장에서 보아도 당연하고, 또 실제적인 면에서 생각해 보아도 정(定)의 집중력이 초래하는 인지의 변화 없이 현상의 무상, 고, 무아를 여실하게 지견하는 일은 생각하기 어렵다.

이미 언급한 바와 같이 욕망에 의해 짜여 있는 '이야깃거리의 세계'는 범부에게 있어서 '현실'이자 '사실' 그 자체이다. 그렇기 때문에 '실제로는 그렇지 않을 것이다'라고 아무리 다짐을 해도 인지가 정말로 바뀌지는 않는다. '두려움은 무의미하다'고 '이성적으로 생각한다' 해서 폭력 앞에 놓여 있는 몸이 경직된 상태를 멈출 수는 없는 것과 같다.

그와 같은 '이야깃거리의 세계'를 깨뜨리기 위해서는 이미 '사실'이나 '현실'로서 성립되어 버린 것을 일종의 '억지로' 이겨낼 수 있는 의식의 변화가 필요하다. 그리고 이를 만들어 내는 게 정(定)의 강렬한 집중력이므로 선정은 지혜의 전제가 된다. 다시 말하면 선정이란 특정한 대상에 의식을 집중(사마띠)하는 실천이며, 다양한 개념을 짜맞춤으로써 진행되는 사고의 작용은 주의를 산란하게 하기 때문에 배제된다. 그리고 그 집중력에 의해서 나타나는 여실지견의 인지에서는 개념 조작이 성립되는 전제가 되는 분별의 상(相)이 적멸되었기 때문에, 거기에서 사고(思考)가 성립될 도리가 없다. 제1장에서 소개한 성도 후 고따마 붓다가 한 술회에서 자신이 증득한 법에 대해 "추론의 영역을 넘어섰다(atakkāvacara)."라고 설명한 것이 이 때문이다.[10]

그러한 의미에서 여실지견이란 개념적 사고와 일상의식을 선정의 집중력으로 초월한 곳에 인지되는 것이기 때문에, 거기에서 생기는 지혜가 사고의 결과라고 하는 것은 있을 수 없음을 먼저 확인해 두어야 한다.

___직각지(直覺知)

한편 고따마 붓다의 불교에서 말하는 '깨달음'이 추론과 사고
가 진행된 결과 서서히 이루어지게 되는 개념적인 분별지(分別
知)가 아니라, 순간적으로 일어나는 실존 모습 자체의 결정적인
전환, 즉 이른바 '직각지(直覺知)'라는 것에도 또 다른 방증(傍證)
이 있다. 바로 불제자들의 전(傳)에서 종종 볼 수 있는 순간적인
해탈의 달성〔頓悟〕에 대한 보고다. 이에 대해서는 많은 예가 있
지만 여기서는 우선 남녀 한 사람씩을 들어본다.

먼저 부처님의 시자로서 유명한 아난다이다. 아난다는 고따
마 붓다를 25년간 시봉하면서 가장 가까이에서 그 교법을 들어
'다문제일(多聞第一)'이라고 불리는 유명한 불제자이다. 경전에
등장하는 횟수도 굉장히 많지만, 동시에 그는 수많은 설법을 들
어 기억하고 있었음에도 불구하고 고따마 붓다가 생존해 있는
동안 아라한이 될 수 없었던 사람이기도 했다.[11] 이러한 사실은
불교도들 사이에서는 유명한 전설이었던 것 같다. 후에 대승경
전에 이르러서도 경전의 서두에 나오는 설처(說處)와 대중에 대
한 묘사에서 고따마 붓다를 에워싸고 있는 다른 비구들은 번뇌
를 멸진시키어 수행을 완성한 아라한이지만 "단 한 명 아난다 장
로(長老)만은 예외였다."[12]라고 종종 적고 있다.

아난다가 아라한으로서 수행을 완성한 것이 언제였는가 하면, 바로 고따마 붓다의 사후 제1결집[13]이 개최되기 직전의 일이었다.

율장 『소품(小品)』의 기술에 의하면,[14] 마하깟사빠의 주창으로 결집이 개최되기 전날 밤, 유학(有學, sekkha)[15]의 몸으로 결집에 참가하는 것은 적절하지 못하다고 여긴 아난다는 하룻밤을 몸에 대한 마음챙김을 실천하면서 보냈다.

그러나 그럼에도 그는 해탈에 이르지 못하다가 새벽에 "좀 눕겠다."고 하고 몸을 누이려는 순간, "머리는 베개에 닿지 않고 발은 땅에서 떨어지지 않은" 바로 그 사이에 마음에서 번뇌를 여의고 해탈하였다.

이와 같이 고도의 긴장과 절망을 거쳐 다소 풀어진 순간에 결정적인 경험을 한다는 것은 선을 실천해 본 적이 있는 사람이라면 잘 알 수 있으리라고 생각한다. 나 자신도 선과 고따마 붓다의 불교는 문헌에서 받는 인상 정도만큼 차이가 크지 않다고 인식하고 있다. 위의 아난다의 예에서 보는 바와 같이 고따마 붓다의 불교에서의 '깨달음'과 이에 이르게 하는 실천이 의외로 선과 유사하다는 걸 보면 그렇게 생각하게 된다.

다른 예로 여성의 경우를 들어보겠다. 『테리가타』에서 볼 수

있는 시하라는 비구니에 대한 이야기이다.[16]

　시하 비구니는 출가하기는 했지만 욕정에 시달려 마음의 평정을 얻지 못한 채 7년 동안이나 헤매고 있었다. 그리하여 밤낮 구별 없이 괴로움은 계속되고 그로 인해 열반에 이를 수가 없었다. 그래서 더 이상은 살아도 소용없다고 느낀 그녀는 밧줄을 손에 들고 숲속으로 들어가 목을 매어 죽으려 했다. 그러나 그러한 각오로 밧줄로 목을 매는 순간 그녀의 마음은 해탈했다. 이 이야기는 아난다에 얽힌 이야기 이상으로 강하게 선을 상기시킨다.

　이러한 예는 어느 쪽이든 고따마 붓다의 불교에서의 '깨달음'과 해탈은 순간적으로 일어나는 실존의 전환이고 '직각지(直覺知)'임을 분명하게 보여 주고 있다. 말할 것도 없지만, 목을 매는 순간, 혹은 수행에 지쳐 누우려고 하는 순간에 그들이 교리에 대해 생각하거나 자신을 타일러서 '깨달은' 것은 아니다. 그러한 일은 아난다나 시하 모두 그동안 수없이 계속해 왔을 것이다.

　몇 번이고 되풀이해서 말하지만, 번뇌나 갈애의 작용은 아직 깨닫지 못한 사람에게는 '현실'이고 '사실' 그 자체이므로, 교리에 대해 아무리 많이 배우고 이를 자기 자신에게 타일러도 소멸되지 않는다. 시하는 "번뇌에 휘감긴 멋진 이미지들이 머릿속에서 떠나지 않고 탐욕의 마음에 지배당하고 있어서 마음의 평정을 얻을 수가 없었다."[17]고 술회하는데, 그와 같이 '이성'이나 '의지'로 컨트롤하거나 근절시킬 수 없기 때문에 번뇌의 흐름이 액개(厄介: 귀찮은 존재)인 것이다.

달리 말하면 해탈의 순간에 시하나 아난다에게 일어났던 일은 '이성'이나 '의지'가 조작할 수 있는 범위 밖의 사건이었다. 그렇기 때문에 깨닫고 보니 마음속에 '현실로' 달라붙어 있어서 아무리 해도 떨어지지 않던 번뇌에서 해탈하여 있다고 하는 '불가사의'(이것도 원래는 한역불전 용어이다.)한 일이 일어나는 것이다. 오랫동안 '이성'이나 '의지'를 동원하여 필사적으로 손에 넣으려 했던 것이 그 노력을 손에서 놓는 순간 얻어졌다고 하는 두 가지 사례는 이러한 사정을 상징적으로 표현한다고 생각한다.[18]

불생(不生)이 열반이다

그러면 번뇌와 갈애의 최종적인 멸진이자, 그에 의한 실존 모습의 결정적인 전환이기도 한 해탈·열반의 경험이란 도대체 어떠한 것인가? 테라와다 불교에서는 이를 불생불멸인 열반(nibbāna)이라고 하는 대상을 마음이 인식하는 경험이라고 이해한다.

본 장의 앞부분에서 인용하고 있는 무상계(無常偈 혹은 雪山偈)

는 빨리어 경전에서는 『대반열반경』 등에 나와 있다. 이를 한역하여 '제행무상(諸行無常), 시생멸법(是生滅法), 생멸멸이(生滅滅已), 적멸위락(寂滅爲樂)'이라고 하는데 일본인들에게도 잘 알려져 있는 게송이다. 게송 전반의 "제행은 실로 무상하며, 생성소멸하는 성질의 것이다."라는 구절은 이 책에서도 계속 확인해 온 불교의 기본 원리이고, 후반의 "생겨서는 사라져 가는, 그 적멸이 낙이다."라는 구절에서는 현상[諸行]의 본성인 곳의 그 생성소멸이 '적멸(寂滅, vūpasama, 靜止)'된 경지를 설한다. 생성소멸이 없음을 불생불멸이라고 하고, 그 풍광의 것을 테라와다에서는 열반이라고 말하는 것이다.

예를 들어서 소부(少部)의 『무애해도(無礙解道, paṭisambhidāmagga)』에서는 "생기(生起, uppāda)가 제행(諸行)이며 불생(不生, anuppāda)이 열반이다."라고[19] 하고, 또 "오온의 멸진은 상(常, nicca)인 열반이다."라든지 "오온의 멸진은 낙(樂, sukha)인 열반이다."라고도 말한다.[20] 즉 생성소멸하는 무상의 현상에서 고(苦)를 경험하는 게 범부의 현상이기 때문에, 거기에서 해탈한 열반의 풍광이 불생(不生)이고 상(常)이며 낙(樂)이라는 것이다.

실제로 미얀마의 명상센터에서는 "고따마 붓다는 모든 것이 무상하다고 설하셨습니다만…."이라는 질문에 대해서 "붓다는 모든 것이 무상하다고 설한 게 아니에요."라고 주의를 준다.[21] 연생(緣生)하는 현상인 제행은 무상하지만 이를 초월한 열반은 무상이 아니라는 것이다. 열반은 연생의 것이 아니기 때문에 원인이나 조건에 의해서 형성된 게 아니라는 의미에서 '무위(無位, asaṅkhata)'라고 말하고, 따라서 무상이 아니라 '상(常)'이다.

다만 테라와다는 엄격한 무아설을 취하고 있기 때문에 상(常)이나 낙(樂)이라고 말은 하지만 결코 '열반은 아(我)이다'라고는 말하지 않는다. 또 '상(常)'이라고 하는 것도 '낙(樂)'이라고 하는 것도 우리들이 (현상의 '세계'라는 테두리 안에서) 흔히 떠올리는 그것과는 성질이 다르다고 종종 설법 등을 통해 지적한다.

또한 테라와다의 교리에서는 이 상(常)이고 낙(樂)인 열반을 인식하는 지혜에 의해서 번뇌의 정단사단(正斷捨斷, samucchedappahāna), 즉 근절이 달성된다고 한다. 계, 정, 혜 삼학의 단계에 따라 먼저 계(戒, sīla)에 의해서 몸[身]과 입[口]의 행위에 나타나는 잘못(違犯, vītikkama, trans-gression)을 대치하여, 번뇌의 피분사단(彼分捨斷, tadaṅgappahāna), 즉 개별적인 번뇌를 일시적으로 배제하고, 다음의 정(定, Samādhi)에 의해서 뜻[意]에 휘감겨 있는 번뇌(煩惱, pariyuṭṭhāna, obsession)를 대치하여 번뇌의 진복사단(鎭伏捨斷, vikkhambbhanappahāna), 즉 의식에 나타나는 번뇌를 억제한다. 그리고 마지막으로 혜(慧, paññā)에 의해서 번뇌의 잠세력(潛勢力, anusaya, latent tendency)도 대치하여 정단사단, 즉 번뇌의 '뿌리 뽑기'를 행한다는 것이다.[22]

이와 같이 상(常)이고 낙(樂)이어서 번뇌를 뿌리 뽑는 (번뇌의 흐름이 '닫히는') 힘을 가진 열반의 경험은 마음챙김의 실천을 통해서 현상의 무상, 고, 무아를 지속적으로 관찰해 감으로서 생긴다고 하여, 테라와다의 교리에서는 그 과정에서 생기는 다양한 관지(觀智, vipassanā-ñaṇa)에 대해서도 상세하게 설명한다.[23]

무상이고 유위(有爲, saṅkhata)인 연생의 현상을 관찰함으로써 무위의 열반에 대한 경험이 가능하다는 것은 일종의 '비약(飛躍)'이어서 합리적으로 설명하기 어렵다. 구태여 말한다면 테라와다에서는 '신비(神秘)'지만 어쨌든 사실로서 일어나는 일이고, 그로 인해서 갈애가 완전히 멸진된 상태인 해탈이 달성된다고 생각한다. 이법(理法, dhamma)이 '현실로 증명되는 것(sandiṭṭhika)'이며, '와서 보면 보이는 것(ehipassika)'이라고 하는 데에는 그러한 의미도 있다고 그들은 말한다.

__세간과 열반은 다른 것

테라와다에서 말하는 상(常)이고 낙(樂)이며 무위(無爲)이고 불생(不生)인 것으로서의 열반에 대한 이해는 현대 일본에서는 '열반의 실체시(實體視)'라는 정해진 문구를 쓰며 이렇다 할 근거도 없이 부정된다. 예컨대 『중론』의 구절 하나를 인용하여[24] 떠나보내 버리는 것이 보통이다. 그 배경에는 이와 같은 '신비적 요소'는 부정하는 쪽이 근대의 지적 범주에 맞추어 '불교는 과학적이고 합리적이다'라고 주장하는 데 적절하다는 사정도 어느 정도 있을지 모른다.

하지만 나는 테라와다에서 보는 열반에 대한 해석이 고따마 붓다의 불교의 특징을 잘 계승한, 상당히 조리 있는 해석 중 하나라고 생각한다. 그 이유로는 몇 가지가 있는데 설명하면 다음과 같다.

먼저 『중론』에서와 같이 열반과 세간(世間, loka)에 대한 구별을 무효화하는 해석[25]은 성불이라고 하는 목표를 한없이 멀리 밀어 버린 다음 '이야깃거리의 세계'에서 하는 이타(利他)의 실천을 중요시하는 대승불교의 범주에서는 형편에 맞을지 모른다. 하지만 지금·여기의 생에서(現法에) 갈애가 완전히 멸진한 상태인 해탈이 달성된다고 단언한 고따마 붓다의 교설과는 어울리지 않는 부분이 있다.

이미 언급한 바와 같이 번뇌, 갈애라고 하는 것은 과거 무량의 인연의 결과로서 지금·이 순간에도 끊임없이 일어나고 있으며, 우리들에게 있어 '현실' 그 자체인 '세계(loka)'를 형성하고 있다. 그와 같이 실질적으로 무한하게 생겨나서 계속되는 번뇌, 갈애를 지금·여기에서 결정적으로 멸진하기 위해서는 연생의 현상과는 다른 질서를 가진 출세간(出世間, lokuttara)이고 무위(無爲)인 열반의 각지(覺知: 무루의 지혜)에 의지할 수밖에 없다는 건 그 나름의 조리가 선 사고방식이다.

열반을 세간(世間; 現象)과 별개로 생각하지 않고 '지금·여기가 그대로 열반이다'라고 이해하는 해석은 분명히 잘못된 사고방식이라고 말할 수는 없다. 갈애를 멸진하여 '세계'를 끝마친 사람의 눈으로 보면 연생의 현상이 계속 생겨나는 것〔繼起〕도 전혀 다른 모습으로 비칠 것이며, 현법열반을 달성한 사람의 풍광이 그와 같을 것이라는 점도 앞 장에서 살펴본 그대로이기 때문이다.

그러나 이러한 내용은 어디까지나 우리들에게 '사실'로서 생겨나는 갈애를 '현실적으로' 멸진시키고 이를 자각한(해탈지견을 얻은) 사람들의 이야기이다. '세계' 형성의 원인인 갈애가 소멸되면 인지가 변화되기 때문에 그때에 이르러서야 비로소 그 사람은 "해야 할 것은 해 마쳤다."라고 선언할 수가 있다. 이는 '비유'

이거나 혹은 '지금·여기가 열반임에 틀림없다'고 '믿어 버리는' 것이거나 혹은 교법의 지식으로 '생각하는 방식을 바꾸는' 수준의 이야기가 아니라, '현실'이나 '사실'에 대한 인지 그 자체를 근본적으로 변혁하는 '결정적으로 명백한 실존의 전환'에 다름 아니다.

그리고 그와 같은 의미에서의 '세계의 끝장'을 목표로 하는 행위, 즉 이제까지의 실존 형식의 연장선에는 없던 장소에 결정적으로 도달하려는 시도가 연생의 현상에 의해서, 같은 연생의 현상을 계속 대치해 나아간 끝에 완결되리라고는 생각하기 어렵다. 로히땃사가 세계의 끝장에 도달하기 위해 수만 킬로미터를 이동하여도 그곳에 '세계'가 계속해서 형성되었듯이 개개의 번뇌를 수만 번 대치해도 상대가 실질적으로 무한한 자원을 갖고 있는 이상 그 세력을 약화시킬 수는 있어도 근절시킬 수는 없다. 그 흐름이 최종적으로 '닫히기' 위해서는 연생의 현상과는 전혀 다른 무언가가 필요한 것이다.

아난다와 시하의 해탈에 대한 기술에서도 추측할 수 있듯이, 이와 같은 '세계의 끝장'으로의 여행, 즉 갈애를 멸진시키는 최종 목적지에 이른다는 것은 무루의 지혜라고 하는 무위 열반의 각지(覺知)에 의해 어느 특정 시점에 이르러야 명확하게 초래된다는 생각에는 일정한 합리성이 있다고 생각한다. 자신의 지금 모습이 이전과는 완전히 달라졌다고 자각하기 위해서는 지금까지 알지 못했던 것을 알 수밖에 없고, 이를 현상의 테두리 안에서 '객관적으로' 본다면 어느 특정한 시점에서 수행자에게 일어나는 일이기 때문이다.

따라서 유위(有爲)의 세간(世間, loka)과 무위(無爲)의 출세간(出世間, lokuttara) 사이에 명확한 단절을 인정하는 입장은 갈애를 '현실적으로' 멸진하는 일을 목표로 하는 실천자의 관점에서 보면 충분한 이유가 있다. 그러므로 적어도 달성이 가능하고 또 그렇게 해야 하는 목적으로서의 해탈을 궁극적인 위치에 놓는 교리 체계에서라면 세간과 열반을 명시적으로 구별하는 일은 너무도 자연스런 현상이라고 생각한다.

___적멸위락(寂滅爲樂)

또 다른 이유는 불생(不生)이자 무위인 열반에 대한 고따마 붓다 자신의 언급을 경장(經藏) 속에서 볼 수 있다는 것이다. 붓다는 『우다나(自說經)』에서 열반에 대해 다음과 같이 설하였다.

비구들이여, 생기지 않고, 이루어지지 않고, 형성되지 않고,

조건 붙여져 있지 않은 것이 존재한다. 비구들이여, 이 생기지 않고, 이루어지지 않고, 형성되지 않고, 조건 붙여져 있지 않은 것이 존재하지 않았다면, 이 세상에서 생기고 이루어지고, 형성되고 조건 붙여진 것을 떠나 버리는 것을 알 수가 없을 것이다. 비구들이여, 생기지 않고, 이루어지지 않고, 형성되지 않고, 조건 붙여져 있지 않은 것이 존재하기 때문에, 생기고 이루어지고 형성되고 조건 붙여진 것을 떠나버리는 것을 알 수 있는 것이다.[26]

　인용문과 마찬가지로 원전의 약간 앞부분에서는 열반에 대해서 지수화풍(地水火風)의 요소도 없고, 이 세계(loka)에도 또 다른 세계에도 없는 것과 같은 영역(āyatana)이 존재하고, 거기에는 죽음도 재탄생도 존재하지 않아서, 그것이야말로 고(苦)의 끝(anto dukkhassa)이라고 설한다.[27] 즉 고통과 세계의 끝장인 열반이란 생기지 않고(ajāta), 이루어지지 않고(abhūta), 형성되지 않고(akata), 조건도 붙여져 있지 않은(asaṅkhata, 무위의) 것이고, 거기에서는 연생의 현상이 생성소멸하지 않기 때문에 죽음도 환생도 존재하지 않는다는 뜻이다.

　인용부에는 이러한 불생이자 무위라고 하는 열반이 존재하기 때문에 조건 붙여져 있는 현상에서 벗어나는 것[出離]도 가능하다고 말한다. 그리고 그 이법상의 과정[理路]은 앞에서 말한 그대로이다. 유위의 현상을 초월한 곳에 무위의 영역이 존재하기 때문에 그 각지(覺知)에 의해 대상에 대한 갈애는 멸진되고 '세계'를 끝나게 하는 것이 가능해진다.

미얀마의 명상센터에서 흔히 하는 설법 중에 고제도 '성제(聖諦 ariya- sacca)'라는 말이 있다. 즉 '고(苦)이다'라고 하는 것 역시 각자(覺者)의 여실지견에 의해서 알려진 진리(諦, sacca)이기 때문에 그 참된 내실은 열반을 깨달아 지혜를 얻은 성자(聖者, ariya)일 때 비로소 이해할 수 있다는 뜻이다.

해탈에의 길(道)은 오온과 육근육경이라고 하는 인지의 구성요소를 염리하고 이탐하는 것이라는 내용은 이미 앞 장에서 다루었다. 그러나 오온과 육근육경의 무상, 고, 무아를 계속해서 관찰한다 해도, 범부는 그 이외의 것을 알지 못하기 때문에 그러한 대상에 집착하고 싶은 마음은 항상 남아 있다. 시하 비구니가 욕정을 7년간이나 여의지 못했던 것과 같다.

하지만 수행자가 열반을 깨달아 지혜를 얻었을 때는 그 상황이 완전히 바뀐다. 『무애해도(無礙解道)』에서는 "생겨나는 것은 고(苦)이며, 불생(不生)은 낙(樂)이다.", "생겨나는 것은 공포이고 불생(不生)은 안온(安穩)이다."라고 말하고 있는데,[28] 연생의 현상과는 별개로 불생이며 무위인 열반이 존재함을 알고, 그 열반이 '최고의 즐거움'임을 알았을 때 수행자는 "모든 현상이 고(苦)이다."[29]라는 말의 진정한 의미를 이해한다. 예전에 마약에 중독되었던 사람이 약의 영향에서 완전히 벗어나 사회로 복귀한 다음, 중독된 다른 사람을 보고 '마약에 좋은 점은 아무것도 없다'고 하면서 마음으로부터 실감하는 것과 같다.

고제를 알아서 대상을 염리하고 이탐하여 갈애를 멸진한다는 것이 이와 같다. 연생의 현상을 마음에 들어 하는 기분을 억압하고 '이런 것은 쓸모없다'라며 필사적으로 자신을 타이르지 않으면 안 되는 동안은 고제의 참된 의미를 알았다고 말할 수 없다. 새빨갛게 달아오른 철판에 맨손 갖다 대기를 피하는 일이 당연하듯, 현상이 고(苦)라는 것을 마음에서 당연하게 받아들였을 때 비로소 이를 싫어하며 피하고 탐욕에서 떠나는 일이 자연스럽게 일어난다. 그리고 그러기 위해서는 연생의 현상에 집착하기보다는 자기 자신이 처한 현실의 경험을 통해서 아주 멋진 일들이 있다는 것을 알지 않으면 안 된다.

이미 언급한 바와 같이 "생겼다가는 사라져 가는, 그 적멸이 낙이다."라고 하는 무상게 후반의 문구는 생성소멸이 존재하지 않는 적멸의 경지이고, 또 '최고의 낙'이라고 하는, 위에 언급한 열반에 대해 말한다. 또한 한역하여 말한 '적멸위락(적멸을 낙이라 하는)', 즉 불생이며 무위인 적멸, 열반이야말로 낙(樂)이고, 불제 자라면 이를 지향해야 한다는 것이 고따마 붓다의 불교에서 말하는 가장 기본적인 가치판단이다.

불교의 실제

그런데 열반에 대해 불생이자 무위이며, 또 상(常)이고 낙이라고 이해하는 테라와다적인 해석은 종종 '열반의 실체시(實體視)'라며 비판을 받는 일이 있다. 그래서 다음으로는 이 점에 대해서 다루고자 한다.

우선 한 가지 말할 수 있는 것은, 열반은 출세간의 영역에 있는 무위의 것이므로 이에 대해 '실체'라든지 그렇지 않다든지 하며 논하는 것은 처음부터 분류 오류인 의론이라는 것이다. 고따마 붓다가 아(我, 아트만)에 대한 절대적, 실체적인 의미에서의 존재, 비존재와 관련된 질문을 받으면 '무기'의 태도로 일관하였다는 것은 이미 제4장에서 확인하였다. 그리고 이러한 태도를 취한 이유는 분별의 상(papañca, 戱論)이 적멸된 여실지견의 풍광에서 보면 그 물음 자체에 의미가 없기 때문이라는 점도 확인하였다.

이 문제에 대해서도 사정은 마찬가지이다. 열반이라는 것은 생성소멸이 없는 무위의 풍광인 이상 거기에는 당연히 분별의 상(相)이 존재하지 않는다. 따라서 '있다', '없다'는 판단의 전제가 되는 희론이 적멸해 버렸기 때문에 여기에 '실체'가 있는가 없는가를 논하는 것도 물론 의미가 없는 일이다. 실제로 테라와다 불교에서도 열반이 상(常)이고 낙(樂)이라고는 말해도 앞서 언급한 바와 같이 그것이 '아(我)'라고는 결코 말하지 않는다.[30]

하지만 테라와다 불교에서 말하는 열반에 대해 비판을 하는 사람들에게는 앞의 인용문에 있듯이 불생이고 무위이며 죽음도 재생도 없다고 하는 영역이 존재하고(arthi), 이를 각지(覺知)함으로서 갈애의 멸진에 이른다고 하는 교설 자체가 충분히 '실체시(實體視)'라고 느껴지는지도 모른다.

이에 대해서는 "고따마 붓다의 불교는 그러한 것입니다."라고 답할 뿐, 궁극적으로는 어쩔 수 없다. 하지만 이것만으로는 납득할 수 없을 테니 주변의 사정을 고찰해 가면서 좀 더 달리 설명해 보겠다.

먼저 고따마 붓다는 "모든 현상은 고(苦)이다."라고 설하고, 그 고의 원인인 갈애를 멸진하여 괴로운 현상에서 해탈할 것을 가르쳤다. 그 괴로움을 구체적으로 말하면 생로병사 등의 8고(八

苦)이다. 여기까지의 내용은 누구나 인정하는 고따마 붓다의 불교에서 말하는 기본 교리이다.

그런데 괴로움으로부터의 해탈이 가르침[敎]의 본질이라고 하면 해탈이 달성된 경지에서는 생로병사가 존재하지 않을 것이다. 하지만 실제 고따마 붓다의 인생을 살펴보면 붓다는 늙고, 병들어 80세에 돌아가셨다. 고따마 붓다의 불교를 어떻게든 근대의 지적인 범주 안으로 회수하려고 시도하는 사람들은 여기에서 커다란 어려움에 직면하게 된다.

이 책에서 서술해 온 것과 같은 불교의 이해라고 할까, 전통적으로 불교도들이 행해 온 보편적인 해석에 따르면, 고따마 붓다가 평범한 사람들처럼 생로병사를 경험하였다는 것에 부사의한 점은 아무것도 없다. 붓다는 불생이자 무위인 열반을 깨달아서 지혜를 열었고, 그렇게 함으로써 갈애를 멸진하고 해탈을 달성하여 "이것이 최후의 생이며, 더 이상 다시 태어날 일은 없다."라고 자각하였다. 물론 신체가 남아 있는 동안에는 연기의 법칙에 따라 다양한 인지가 생겨나지만, 이미 집착에서 떠나 '세계'를 멸진시키고 있는 붓다에게 있어서 이러한 일들은 단순한 현상의 계기(繼起)에 지나지 않는다. 그리고 드디어 죽음에 이르자 그의 업을 이어받을 새로운 오온의 가화합(假和合)은 이루어지지 않았다. 지금 이대로도 존재, 비존재라고 하는 카테고리적인 판단이 필요 없는 열반의 영역과 동일하였기 때문이다. 후대의 불교도들이 쓴 '반열반(般涅槃, parinibbāna)'이라고 하는 말은 오로지 이러한 사실을 가리킬 때에 사용된다. 이를 깨달은 각자(覺者)의 죽음으로 이뤄지는 열반의 완성이라고 생각하였던 것도 충분한 이유가 있을 것이다.

그러나 불생이자 무위인 열반의 영역을 인정하지 않고, 경우에 따라서는 윤회전생까지 부정해버리는 사람들은 여기서 무리한 해석을 강행한다. "그들에게 불사(不死)의 문이 열렸다."[31]고 하는 말은 고따마 붓다의 유명한 개교선언(開敎宣言)인데, 그렇게 명확하게 말하는 '불사(不死, amata)'의 경지나 노병사라는 고(苦)로부터의 해탈 등은 어디까지나 '비유', 혹은 고작해야 '관점의 변화'를 의미한다고밖에 생각하지 못하는 것이다.

고따마 붓다라는 역사상의 한 개인이 현실적으로 늙고 병들어 서거한 이상, 윤회전생의 세계관과 무위의 열반이라는 영역을 고려의 대상에서 제외하고 현상의 테두리만으로 팔고(八苦)로부터의 해탈이라는 그의 가르침을 해석할 경우, 이를 '비유 이야기'라고 생각하거나 '관점이 바뀐 그에게는 우리들에게 노병사로 보이는 것도 노병사가 아니었다'라고 억지로 말할 수밖에 없다.

　이러한 해석을 '현실적'이고 '합리적'이라고 생각하는 사람들도 있는 것 같지만, 나는 아무리해도 그렇게는 생각할 수 없다. 이는 적어도 문헌을 있는 그대로 끌어내어 해석하고 이해한 고따마 붓다의 교설과는 거리가 멀고, 그렇기 때문에 경전의 설을 그대로 실천하여 스스로 해탈·열반을 증득하고자 한 불교도들의 인식과도 괴리되어 있다. 그러한 해석은 분명히 우리 현대 일본인의 지적 범주 안에 들어와 있기 때문에 일정한 '현실적인 맛〔現實味〕'은 있을지도 모른다. 하지만 불교의 '현실'을 정확하게 파악한 것은 아니라고 생각한다.

＿'실제로 증명되는 것'

　다만 위의 해석들('비유 이야기〔喩話〕'는 논외로 하더라도) 가운데 '관점의 변화'설에 대해서는 일고의 여지가 있다. 이미 설명한 바와 같이 현법열반을 달성한 사람은 '세계'를 끝내 버리고 현상을 여실지견하며 그 인지(認知)에서는 분별의 상이 적멸된다. 그와 같은 '희론적멸(戲論寂滅)'의 경지에서는 육촉처(六觸處)가 멸진되듯이 노병사라는 분별도 멸진되고, 현상의 계기만이 존재한다고 생각하는 건 물론 잘못이 아니다. 그러므로 '관점의 변화'

를 그와 같이 말하는 것이라면 정견(正見, sammā-diṭṭhi)이 불설의 기본이라는 점으로 볼 때 올바른 이해라고 할 수 있다.

그렇다고는 해도 이 경우 역시 '관점의 변화'는 '사실'로서 존재하는 갈애의 멸진에 의해 인지를 '현실적으로' 변화시킨다는 점을 강조하지 않으면 안 된다. 즉 교법에 대한 지식으로 인해 그 자체는 변화하지 않은 '세계'를 '이해하는 방법을 변화시킨다'든가, '다른 해석을 한다'는 '가정'이나 '굳게 결심하는' 수준에서 일어나는 건 아니라는 뜻이다.[32]

고따마 붓다는 "괴로움〔苦〕은 없는 것이 아니고 괴로움은 있는 것이다."[33]라고 설하고, 또 "나는 괴로움을 알고, 나는 괴로움을 본다."[34]라고도 설했다. 그와 같이 '현실 존재'하는 괴로움은 '가정'이나 '굳게 결심함'에 의해서는 없어지지 않는다. 또 고따마 붓다가 그러한 가르침을 사람들에게 설하고, 이런 가르침으로 그들을 납득시킬 수 있었다고 주장하는 것은 당시 종교인이나 수행자들을 너무도 안이하게 해석한 것이라고 생각한다.

예를 들어 고따마 붓다가 한 초전법륜의 대고중(對告衆: 설법대상)은 제2장에서도 다룬 바와 같이 다섯 비구들이다. 그들은 성도 이전의 고따마 붓다와 함께 수행을 하였지만 고행의 무의미를 알아차린 고따마 붓다가 체력을 회복하기 위해 쌀죽을 먹자 그가 타락하였다고 생각하고 떠나 버렸다.[35] 이 사실에서 알 수 있듯 그들은 그들 나름대로 목숨을 걸고서라도 해탈이라는 목적을 달성하려고 한 진지한 수행자들이었다. 그러니 그들에게 한 번 버림받은 고따마 붓다가 만약 "생각을 잘해서 관점을 바꾸면 고(苦)는 없었던 일이 될 수 있으므로 고행하는 것에 의미가 없습니다."라고 설법을 해도 들어줄 리가 없다.

비유해서 말한다면 만화 같은 무언가에 영향을 받은 한 아이가 강함을 목표로 하고 하루하루 엄격한 단련을 하고 있는 격투기 선수를 찾아가서 '관점을 바꿔 보면 세계는 사랑으로 가득 차 있어요. 그러니까 육체를 강하게 단련하는 것은 의미가 없습니다'라고 타이르는 것과 같다. 이 말을 들은 격투기 선수가 코웃음을 치면 오히려 다행이고, 호되게 혼을 낼지도 모른다.

실제로 고따마 붓다가 그렇게 어리석은 방법을 다섯 비구에게 설하러 갔던 것은 아니다. 이미 확인한 바와 같이 초전법륜은 사제(四諦)에 대한 내용을 담고 있다. 법신게에도 요약되어 있듯이, 붓다는 괴로움이라는 현실을 인정한 다음 그 원인이 갈애에 있다고 분명하게 특정하고, 괴로움의 멸진과 그에 이르는 방법을 확실하게 제시하였다.

이 부분은 매우 중요하지만 이에 대한 몰이해로 인해 현대 일본에서 불교에 대한 많은 오해가 생겨났다고 생각된다. 그래서 몇 번이고 말하지만, 갈애는 범부에게는 '사실'로서 작용하고 있으며, '현실' 그 자체인 '세계'를 형성해 버린다. 고따마 붓다의 교설이 당시의 진지한 구도자들에게도 설득력을 가졌던 이유는 붓다가 '세계=고(苦)'의 원인을 갈애라고 특정하고 자신은 이를 멸진하였다고 선언한 다음, 사람들에게도 그 방법을 가르치고, 제자들이 그것을 스스로 실천해 보니 정말로 '세계'가 끝나서 괴로움은 멸진되었기-혹은 적어도 그와 같이 확신할 수가 있었기-때문이다.

앞에서 비유한 대로 말하자면, 고따마 붓다는 '관점을 바꿔 보면 강한 것은 의미가 없다' 같은 속임수를 말한 것이 아니다. 스스로 '강하게' 된 후에 다섯 비구들의 잘못된 훈련법(苦行)과는 다른 올바르게 단련하는 방법을 보여 주고, "이렇게 한다면 그대들도 나처럼 강해질 수 있다."고 설하였다. 그리고 실제로 해 보았더니 설한 대로 결과가 나왔기 때문에 다섯 비구들은 물론 다른 진지한 구도자들도 고따마 붓다를 따랐던 것이다.

이와 같이 '현실 존재'하는 괴로움에서 눈을 돌려 그 개념을 조작하여 '없었던 일'로 해 버리는 것이 절대 아니라, 괴로움의 현실을 있는 그대로 지견(知見)하고 그 원인인 갈애를 남김없이 멸진시켜야 한다는 것이다. 이를 정면에서 극복해 가기 위해서 불생(不生)이고 무위(無爲)인 열반의 지혜를 여는 일이 필요한 이유는 충분하다. 그리고 고따마 붓다 자신도 그 영역의 존재에 대해서 설하고 있었음은 앞에서 언급하였다.

그렇다면 남은 문제는 그와 같은 무위의 열반의 지혜를 여는 일이 실제로 가능한지 여부가 될 것이다. 이에 대해서는 테라와다의 명상센터에 있는 상좌부권뿐만 아니라 전 세계에서 모여든 실천자들이 지금·이 순간에도 '실제로 증득하기'를 계속 실천하고 있다.

물론 일본의 서재에서 '그런 경험은 신앙에 근거한 망상이다'라고 주장하는 것은 자유이다. 하지만 이런 주장이 과거의 불교도들의 인식이나 '경전대로 실천을 했더니, 경전대로 결과가 나왔습니다'라고 보고하고 있는, 현대의 (비불교도를 포함한) 실천자들의 말보다도 옳다고 하는 보증은 어디에도 없다.

'사과가 빨갛다'라고 할 때의 그 '빨강'이 옆에 있는 사람이 인지하고 있는 '빨강'과 같다고 '객관적으로 증명'할 수단은 없다. 이처럼 기본적으로 '주관'의 테두리 내에서 일어나는 사건인 '깨달음'의 경험을 다른 사람에게 명석판명한 형태로 공개할 수 있는 수단 역시 현재로서는 없다. 또한 그 경험이 고따마 붓다의 경험과 '같은 것'이었다고 하는 '객관적인 증명'은 더욱 불가능하다.

그리고 또 설사 그러한 경험이 존재한다 하더라도 이 경험이 테라와다의 교리에서 설하듯이 열반이라는 대상을 마음이 인식하는 경험이라고 해석하는 것이 올바른지는 별개의 문제이다. 다만 적어도 현재 전 세계에 존재하는 테라와다 명상센터에서 비불교도를 포함한 많은 사람들이 마음챙김의 실천과 위빠사나 명상을 수련하고 있으며, 그 과정에서 생성소멸하는 현상과는 전혀 다른 무언가를 인식하고 경험하여 그에 의해 '번뇌의 흐름이 닫히는' 일이 생겼다고 보고하고 있는 것은 사실이다.

불교가 2,500년 동안 존속해 오고 있음을 고려해 볼 때, 원전의 말을 무리하게 '비유'라고 이해하는 게 아니라 '적혀 있는 내용을 적혀 있는 대로 실천했더니 적혀 있는 대로의 일이 생겨났습니다'라고 솔직하게 보고하는 사람들의 증언을 중시하여 해석하는 일은 충분히 '현실적'이고 '합리적'인 일이라고 생각한다. 적어도 그와 같이 실천의 문맥에서 얻을 수 있는 지견에 대한 열린 태도가 앞에서 이야기한 불교에 '현실적'으로 가까워질 수 있는 방법 중 하나일 것이다. 내가 불생이고 무위인 것으로서의 열반이라는 해석을 지지하는 또 다른 한 가지 이유가 바로 이것이다.

___불교사상의 제로포인트

서술의 순서상 마지막으로 '열반 경험'의 내실 그 자체에 대해서도 말해 두어야 하겠지만, 열반이 불생불멸의 무위의 것이고, 언어의 영역인 분별의 상(相)을 초월한 것이기 때문에 이에 대해 설명하기란 궁극적으로는 불가능한 일이다.

지금까지의 서술에서는 분별의 상이라는 범주 내에서 열반의 '성질'을 묘사하고, 이를 경험함으로서 얻게 되는 '결과'에 대해서도 설명을 해 왔지만, 그 경험의 내실 그 자체에 대해서는 지금까지 해 온 것 이상으로는 묘사할 수 없다. 이는 결국 언어가 가진 능력의 한계이다.

이미 일부는 인용된 문장이지만, 우 조티카는 열반의 '성질'에 대해 다음과 같이 말한다.

열반의 성질은 정신적, 물질적인 현상의 성질과는 완전히 반대입니다. 이 점 또한 중요합니다. 어떤 사람들은 열반과 윤회(Saṃsāra)가 같다고 말합니다. 달라요. 아주 분명히 다릅니다. … 그러나 열반을 이해하기 위해서는 당신이 윤회를 이해하지 않으면 안 됩니다. 윤회란 정신적이고 물질적인 프로세스의 것입니다. 이를 윤회라고 부르는 것입니다. 어떤 사람이 하나의 생에서 다른 생으로 옮겨 간다고 하는 이야깃거리의 것이 아닙니다. …
참된 윤회란, 참으로 순환을 계속하는 것은 이 정신적이고 물질
적인 프로세스가 계속 이어짐을 말합니다. 이를 윤회라고 부릅
니다. 그 끝이 열반. 열반이 윤회와 관계가 있다고 말하는 것이
라면 아직 가능합니다. 열반은 어떠한 방식으로 정신적이고 물
질적인 프로세스와 관계를 가지고 있습니다. 하지만 열반은 프
로세스 중에는 없습니다. 다만 프로세스의 밖에 있으며, 프로세
스의 언저리(緣)에 있습니다. 그에 관한 한 열반이 윤회와 관계
가 있다고 말하는 것은 가능합니다.[36]

여기서 말하는 것은 열반은 '정신적이고 물질적인 프로세스'
인 윤회, 즉 생성소멸하는 현상의 계기(繼起)와 완전히 다른 성질
을 가진다는 점이다. 그리고 열반은 윤회의 프로세스(현상)를 철
저하게 관찰함으로서 초래되는 한 윤회와 '관계가 있다'고 말할
수 있지만, 이 자체가 윤회의 프로세스 안에 있는 것은 아니라는
점이다. 이에 대한 내용은 이제까지의 서술에서도 이미 확인해
왔다.
그러면 열반의 경험 그 자체에 대해서는 어떠한가? 이에 대
해 우 조티카는 다음과 같이 말한다.

열반이란 하나의 경험입니다.

그 순간에는 대상과 관찰이 정지합니다.

그 두 가지가 정지하는 것입니다.

명상하는 사람에게는 전부가 끝난 것처럼 느껴집니다.

이에 대해 예를 들 게 있을까요? 이 상태는 언어를 초월한 것입니다. 그에 대해 말을 할 수는 없습니다. 마치 무거운 짐을 옮기다가 그 짐을 내려놓은 것과 같습니다! 혹은 무언가 대단히 무거운 것을 잡아당기다가 줄이 뚝 끊어진 것과 같은 것![37]

열반(涅槃, nibbāna, s. nirvāṇa)의 원뜻은 (번뇌의 불꽃을) '꺼버리는 것'이다.[38] 정말로 불이 꺼진 것처럼 이때 대상과 관찰, 즉 끊임없이 일어나는 현상의 인지가 없어져 버리기 때문이다. 현상의 인지가 없는데 '경험'이 있다는 건 이해하기 어려우므로 '추론의 영역을 넘어선' 것이다. 그러므로 그 '경험'의 내실에 대해서 언어로 표현하는 일은 불가능하다. 다만 말할 수 있는 건 열반에 이르렀을 때에는 번뇌의 불꽃이 실제로 사라지고 만다는 것뿐이다.

이 책의 표제이기도 한 '불교사상의 제로포인트'란 바로 이것이다. 무상이자 무위라는 의미에서 '제로'이며, 고따마 붓다가 한 이러한 경험이 불교의 '출발점'이 되었다고 하는 의미에서의 '제로포인트'이다. 그리고 이후의 불교사는 고따마 붓다가 증득한 이 경지에서 어떻게, 어느 정도의 '거리'를 둘 것인가 하는 문제를 둘러싸고 전개된다. 따라서 이 '불교사상의 제로포인트'를 경전이 기록한 대로의 '결정적이고 명백한 실존의 전환'으로서 솔직하게 파악하고 그 '성질'을 이해하려고 하는 시도가 결여되어 있다면 대승을 포함한 이후의 불교사 전반에 대해서 정확히 이해하기 어렵다.

이에 대해서는 앞으로 남은 장에서 보다 자세하게 다루기로 하고, 마지막으로 열반에 대해서 한 가지만 더 말해 두겠다. 고따마 붓다가 '실제로 증명하는 것'이며, '와서 보면(come and see) 보이는 것'이라고 설한 것처럼 일본을 포함한 세계 각지에 있는 명상센터에 가면 누구나 '경험'을 시도해 볼 수 있다는 점이다. 문헌이나 다른 사람의 증언으로 그 '성질'만 아는 것에 만족하지 못하는 사람은 꼭 한 번 직접 시도해 보기를 권한다.

___다음 장으로의 이행

본 장에서는 갈애를 멸진하여 '결정적이고 명백한 실존의 전환'인 해탈을 자각케 하는 열반의 각지(覺知;무루의 지혜)가 어떤 것인지 그 성질에 대해서 고찰하고, 그것이 '불교사상의 제로포인트'임을 보여 주었다. 앞 장에서의 서술과 더불어 본 장에서의 내용으로 '고따마 붓다가 설하는 해탈·열반이란 무엇인가?'라고 하는 문제에 대한 해명은 대략 이루어졌다고 생각한다.

앞에서 고따마 붓다가 겪은 열반의 경험이 불교의 '출발점'이 되었다고 말했지만, 정확히 말하면 이 경험의 시점에서 불교가 시작된 것은 아니다. 붓다는 아직 아무에게도 자신이 증득한 법을 설하지 않았다. 그 시점에서는 열반도 해탈도 고따마 붓다 개인의 '자내증(自內證)'에 불과했기 때문이다. 점(点)에는 면적도 방향도 없는 것처럼, 이 시점에서의 '불교' 역시 아직 모습을 갖추고 있지 않은 이상 거기에는 내용도 성질도 존재하지 않는다.

제1장에서 확인한 바와 같이 붓다는 자신이 증득한 법을 남에게 설할 생각이 처음에는 없었다. 그렇다면 왜 붓다는 그대로 육체의 소멸을 기다리지 않았던 것일까? 고따마 붓다는 왜 '깨달은' 후에 돌아가지 않았던 것인가? 그것이 왜 문제가 되는지부터 다음 장의 서술을 시작하려고 한다.

제7장

지혜와
자비

; 왜 죽지 않았던 것인가

○　안락하기를, 안온하기를

　　일체중생이 행복하기를[1]

　　－『자애경(慈愛經)』

성인(聖人)은 어질지 않다

『노자』 제5장에 "천지는 불인(不仁), 만물을 추구(芻狗; 볏짚강아지)로 삼는다."라는 말이 있다. '추구(芻狗)'란 제례 때 사용하는 볏짚으로 만든 강아지 모양 인형으로, 쓸모가 없어지면 당연히 내던져 버린다. '불인(不仁)'은 유가(儒家)에서 말하는 '인(仁＝仁愛)'을 의식한 표현으로, 냉철 비정하다는 뜻이다. 그러므로 이 문장은 '천지자연은 냉철 비정하여 만물을 볏짚강아지처럼 다 쓰고 나면 버린다'는 의미이다.[2]

물론 자연의 법칙은 인정(人情)과는 상관없이 진행되고, 거기에 '인애(仁愛)'가 개입할 여지 같은 건 없다는 게 현대인들에게는 상식이다. "인간을 포함한 이 세계는 물질의 인과관계에 의해서 생겨나는 예사로운 현상에 지나지 않는다. 그러므로 그 존재에 의미 같은 건 없다."정도의 말은 요즈음의 초등학생들도 말할 수 있을지 모른다.

그리고 또 지금까지 서술해 온 고따마 붓다의 불교의 사상 역시 기본적으로는 그와 같이 설하고 있었을 것이라 생각한다. 불교에서는 물질보다는 마음의 영역을 고찰의 주 대상으로 한다. 그러나 이미 본 바와 같이 이 또한 연생의 현상으로서 원인과 조건에 따라서 오직 생성소멸만을 거듭하고 있다는 점에는 변함이 없다. 내 기쁨도, 상대방의 슬픔도, 단지 인과관계에 의해서 생겨난 현상에 지나지 않으며, 연기 법칙의 지배를 받는다.

우리들은 정신이 들어 보면 어느새 이 세계에 '내던져'져서, 의미나 이야깃거리를 주관적으로 절실히 바라면서 살아가다가 또 어느새 죽고 만다. 그러나 이런 모습도 전체적으로 바라보면 현상의 흐름에 떠오르는 거품과 같은 것으로, 조건에 의해서 어쩌다 만들어진 찰나의 후에는 또 조건에 따라서 사라져 버릴 수밖에 없다. 그러한 의미로 볼 때 우리들은 어쩌다 태어나서 더 이상 쓸모가 없으면 주저할 것 없이 내버려지는 '볏짚강아지'처럼 선택의 여지가 없다.

『노자』제5장에는 앞에서 인용한 구절에 이어 "성인은 불인(不仁), 백성을 추구(芻狗)로 삼는다."라고 적혀 있다. 천지자연의 이치를 체현(體現)한 존재가 성인이므로, 전자가 불인(不仁)이라면 후자 역시 불인(不仁)이다. 그는 지배자로서 천하의 백성을 다스리기는 하지만, 인애와 인정 등으로 백성에게 도움이 되는 것이 아니라 정치적인 목적을 달성하고 나면 백성을 볏짚강아지처럼 내버리고 무관심하다는 뜻이다.

중국 사상에서 말하는 성인은 아니지만, 고따마 붓다도 현상의 무상, 고, 무아를 여실지견하여 욕망에 의해서 만들어진 '세계'를 끝낸 인간이기는 하다. 현법열반에 머물면서 분별의 상을 멸진한 붓다에게는 현상이란 단지 끊임없이 생겨나는 것에 불과할 뿐, 거기에 갈애에 근거한 이야깃거리의 형성은 없었을 것이다. 그렇다면 붓다는 왜 깨달은 후에 그대로 서거하거나 해탈의 낙을 혼자 음미하는 것에 안주하지 않고, '이야깃거리의 세계'에 다시 개입하여 중생에게 널리 불교를 알리기 시작한 것일까? 이 문제에 대해서 고찰해 보는 것이 본 장의 과제이다.

___자비와 친절

고따마 붓다가 사람들에게 불교를 설한 것은 그에게 '자비'가 있었기 때문이라고 흔히들 말한다. 실제로 이제부터 살펴보려는 것이지만 붓다가 설법을 결의한 계기는 '중생을 불쌍히 여기는 마음(karunnata, 悲心)에 의해'[3] 세계와 중생을 관찰하였던 것이었다.

다만 현대 일본에서 일상용어로 사용되는 이 '자비'라고 하는 말은 종종 '친절함'과 혼동하여 이해하는 경향이 있다. 그 이해가 옳다고 하면 고따마 붓다는 '친절하기' 때문에 중생에게 법을 설하였다는 것인데, 나는 반드시 그렇지만은 않다고 생각한다. 불교용어로서의 '자비'에는 현대 일본어에서 말하는 '친절함'과 (부분적으로 중복되지만) 완전히 다른 의미도 포함되어 있기 때문이다.

가장 커다란 차이는 '자비'는 행위자의 내면에 항상 '사(捨; upekkhā, 平靜)'의 태도가 따르고 있는 데 반해, '친절함'에는 이것이 따르고 있지 않다는 점이다. 자비란 '자(慈), 비(悲), 희(喜), 사(捨)'가 세트로 되어 사무량심(四無量心)[4]이라고 부르는 불교도의 덕목 중 일부이다. 사무량심 가운데 자(慈, mettā; 중생에게 즐거움을 주고 싶어 하는 마음), 비(悲, karuṇā; 중생의 괴로움(苦)을 제거해 주고 싶어 하는 마음), 희(喜, muditā; 중생의 기쁨을 함께 기뻐하는 마음)는 '친절함'과 중복되는 부분이 많지만, '사(捨)'는 그 성질이 좀 다르다. '친절함'이란 다른 사람의 희로애락에 공감하여 동조하고, 그에 따라 적극적으로 행동하려는 마음을 말하지만, '사'는 그러한 마음의 움직임을 모두 평등하게 관찰하여 거기에 좌우되지 않고 평정(平靜)함을 말하기 때문이다.

그리고 물론 이 '사'의 태도는 현상을 여실지견하여 그것들이 모두 연기의 법칙에 의해 계속해서 생겨나는 중립적인 사건이라고 관찰하는 각자(覺者)의 풍광에서 초래된다. 스님이나 불교의 실천자들이 종종 "참된 자비는 깨닫지 못하고서는 나오지 않는다."고 말하는데, 이는 당연한 말이다. 아집과 욕망에 의해서 만들어진 '이야깃거리의 세계' 속에서 현상을 여실지견하지 못한 채 맹목적으로 '이타(利他)'(라고 느낄 수 있는) 행위를 한다면 이는 단순한 '친절함'에 지나지 않는다. 욕망이라는 이야깃거리의 집착을 여읜 곳으로부터 아집(我執)도 타집(他執)도 아닌 평등한 심리적 작용이 없으면 불교의 '자비'는 되지 못한다.

그렇다고 해도 의문은 남는다. '사'의 태도가 각자(覺者)의 풍광에서 나오는 것이라면 거기에는 모든 분별의 상이 멸진되어 있는 이상, 인애도 아니고 인정도 아닌 참으로 '불인(不仁)'의 경지여야 할 것이다. 그런데 거기에서 자, 비, 희라는 이타에 대한 심리적 작용이 생겨나는 것은 왜일까? 현상 세계에서 일어나는 중생의 희비(喜悲)가 단지 연기의 법칙에 따라 생겨나는 중립적인 사건에 불과하다면, 거기에 일일이 관여해서 '발고여락(拔

苦與樂)'[5]의 실천을 해야 할 의의와 필요성도 존재하지 않아야 할 것이 아닌가.

'희론적멸'의 풍광에서 '이야깃거리의 세계'를 살아가는 중생에 대한 심리적 작용이 생기는 까닭은 무엇인가? '자, 비, 희'와 '사'가 동거하는 각자(覺者)의 심상이란 어떠한 것인가? 이를 고찰해 보기 위해서 고따마 붓다가 설법을 결의하는 동기가 된 '범천권청'의 사정을 확인해 보도록 하자.

___ 범천권청(梵天勸請)

'범천권청'이라는 에피소드 자체는 제1장에서 소개한 바대로 단순하다. 성도 후 설법하기를 주저하던 고따마 붓다 앞에 범천 (梵天, brahmā)이 나타나서 중생에게 가르침을 설해 주시기를 간청(懇請, āyācana)하고, 고따마 붓다가 결국 이를 받아들였다는 것이 그 기본적인 줄거리이다.[6]

제1장에서 살펴본 바와 같이 고따마 붓다는 자신이 증득한 법이 '세상의 흐름에 거스르는 것'이라고 생각해서 남에게 전할 생각이 없었다. 그러자 이를 알아차린 범천이 '아! 세계는 망하고 만다. 세계가 망하고 만다'라고 걱정하며 곧바로 고따마 붓다의 앞에 나타난다.

이때 범천은 세상에는 선천적으로 번뇌의 더러움이 적은 중생도 존재하기 때문에 그들에게 법을 설하면 이해할 것이라고 고따마 붓다를 설득했다. 범천의 간청을 받은 붓다는 앞에서 언급한 바와 같이 '중생을 불쌍히 여기는 마음으로' 불안(佛眼, buddha-cakkhu)을 가지고 세계와 중생을 관찰한다.

이렇게 관찰한 결과, 고따마 붓다는 분명히 범천의 말과 같이 세상에는 번뇌의 더러움이 적은 사람과 많은 사람, 영리한 사람과 둔한 사람, 가르치기 쉬운 사람과 어려운 사람 등이 존재하는 것을 알았다. 이때 말하는 연못의 물속에서 나오지 않은 연꽃, 수면 위에 머물러 있는 연꽃, 수면 위로 나와 물에 젖지 않고 서 있는 연꽃에 대한 비유가 유명하다. 말할 것도 없지만 여기서 말하는 '연꽃'은 중생, '물'은 번뇌의 더러움을 비유한 말이다.

이와 같이 관찰한 고따마 붓다는 마침내 설법을 결의하고 "그들에게 불사(不死)의 문은 열렸다."고 개교(開敎)를 선언한다. 이때 "그들에게(tesaṃ)"라는 말은 문맥상 번뇌의 더러움이 적은, 재능[機根]이 있는 사람들을 가리킴이 분명하므로 적어도 고따마 붓다의 불교가 처음에는 '일체중생'을 대상으로 한 것이 아니라 어디까지나 말을 하면 이해할 수 있는 일부 사람들을 대상으로 하였음을 확인할 수 있다. 이 또한 제1장에서 이미 언급한 바 있다.

　이상이 '범천권청'의 개요로, 여기서 알 수 있는 점이 두 가지 있다. 하나는 깨달은 다음의 고따마 붓다에게도 '불쌍히 여기는 마음'이 분명히 존재하고 있었다는 것이고, 또 하나는 붓다는 처음에는 설법을 하지 않을 생각이었지만 중생을 관찰한 다음, 이야기를 하면 이해할 수 있는 사람들에게는 '불사(不死)의 문'을 열게 하겠다고 결의하였다는 것이다. 즉 자비심으로 구체적인 이타의 실천을 할 것인지 하지 않을 것인지, 그리고 이를 어떻게 어느 정도의 수준에서 행할 것인지에 대해 붓다에게는 선택의 여지, 다시 말하면 '자유재량'의 가능성이 있었다.

　이 두 가지 점은 지극히 당연한 것 같기는 하지만 다른 부분에서 확인되는 일은 예상 외로 적으므로 현재 의론의 문맥상 특히 주의해야 한다. 고따마 붓다의 출가 동기는 일체중생의 구제에 있었을 것이기 때문에 깨달은 후에 그가 개교하여 설법을 시작한 건 너무도 당연하고 자연스런 일이라고 생각하는 사람들도 있지만, '범천권청'의 사정을 감안한다면 그렇게 해석하기는 어렵다. 위에서 본 바와 같이 붓다에게 있어서 설법은 필연적인 일이 아니라 어디까지나 선택사항 중 하나였다. 그러므로 개교하여 설법을 하는 구체적인 이타의 실천으로 나아가지 않고 인생을 마칠 가능성도 있기는 했다. 이 점에 대해서는 나중에 다시 다루기로 한다.

___의미와 무의미

그러면 먼저 깨달은 후의 고따마 붓다에게도 '불쌍히 여기는 마음' 즉 '자비'의 마음이 분명하게 존재하고 있었다는 것은 무슨 의미일까? 물론 자, 비, 희, 사의 사무량심은 불교도의 기본적인 덕목이고, 고따마 붓다에게도 사무량심이 충분히 갖추어져 있었다고 생각되는 이상 그에게 자비가 있었음은 당연한 사실이다. 문제는 앞에서 언급한 바와 같이 각자(覺者)의 마음에 '자, 비, 희'와 '사'가 양립한다는 사실의 내실은 어떠한가이다.

'이야깃거리의 세계'에 적극적으로 개입하는 이타의 실천(자비)과 그러한 '세계'를 연기의 법칙에 따라 계속 일어날[繼起] 뿐인 중립적인 현상으로서 관(觀)하는 사(捨)의 태도(지혜)라는 두 입장의 괴리는 불교에 대해서 진지하게 '생각하는' 사람이 반드시 당면하게 되는 어려운 문제이다.[7] 이치적으로 생각하면 이 양자가 한 인물에 함께 존재한다는 건 아무래도 조리에 맞지 않는다고 여겨지기 때문이다.

하지만 앞에서 확인한 바와 같이 고따마 붓다에게는 이 두 입장이 병존하고 있었다고 생각된다. 또한 후대의 불교도들 역시 정도의 차이는 있어도 그렇게 하려고 애써 왔다는 점을 생각하면 역시 지혜와 자비는 현실적으로 양립이 가능하다고 보인다. 또 불교의 원칙을 생각해 보아도 이 양자는 상호 보완적이지 않으면 안 된다.

그렇다면 지혜와 자비는 어떻게 해서 병존하고 상호 보완하는가? 이 점이 어려운 문제이다. 하지만 이러한 문제는 실제로 '깨달은' 입장, 즉 여실의 풍광에서 보면 완전히 외관상의 물음에 속한다. 이러한 물음의 배경에는 지혜와 자비의 괴리라는 전제가 있지만, 지혜와 자비가 괴리되어 있다고 보이는 시점에서 이미 우리들의 사고 속에 '이야깃거리의 세계'라는 틀이 은밀하고도 깊숙이 파고들어 있기 때문이다.

우리들이 지혜에 의해서 '깨달은' 고따마 붓다가 이타의 자비행으로 나아간 것을 기묘하다고 느끼는 건 왜일까? 이는 '이야깃거리의 세계'에 대한 집착에서 해방되어 현상의 중립적인, 계속해서 일어나는 인지로 전환시킨 고따마 붓다가 다시 그곳에 관여하려고 하는 것은 붓다에게 '무의미'한 일일 것이라고 생각하기 때문이다.

하지만 잘 생각해 보면 알 수 있듯이 '무의미하다'는 말이 '의미'를 갖는 것은 그렇게 규정된 대상 이외의 어딘가에 '유의미'한 것이 존재하고 있을 경우뿐이다. 만일 모든 것이 '무의미'하다면 '무의미하다'고 말하는 것조차 이미 '의미'가 존재하지 않는다.

예를 들어서 인터넷 게임을 하고 있을 때, 우리들은 그 스토리에 몰입하면서도 동시에 그것이 '환상'이라거나 '무의미하다'고 지적할 수 있다. 이는 실제 우리 인생은 게임의 외부에 존재하고 있는 '현실'이고, 그 현실이 '유의미'하다고 생각하기 때문이다. 만일 우리들이 실제라고 생각하는 게임 밖의 인생까지도 모두 '환상'이고 '무의미'하다면 인터넷 게임이 환상이고 무의미하다고 지적하는 '의미'도 없어져 버리고 말 것이다. 정말로 '모든 것이 환상'이라면 그 '환상'에 '현실'이라고 이름을 붙여서 불러도 달라지는 건 아무것도 없기 때문이다.

게임이나 만화에는 때때로 '메타발언(meta發言, 만화나 영화와 같은 창작물의 등장인물이 자신이 등장하는 작품이나 작품 밖의 세계를 인지하고 하는 발언-옮긴이)'이라는 것이 나온다. 작품의 등장인물이 자신의 '세계'를 이야깃거리로 의식하고 '이 만화 어떻게 할까' 같은 고차적인 (초월적 시점에서의) 발언을 가리키는 말이다. '지혜의 관점에서 보면 자비는 무의미하다'라는 생각도 구조적으로는 이 '메타발언'과 같다. 만화의 등장인물이 '메타발언'을 함으

로써 작품세계 밖으로 빠져 나올 수 있는 것이 아니라 단지 이
야깃거리의 새로운 전개(papañca)를 위해 작용할 뿐이듯, '고따
마 붓다에게 이타행은 무의미했을 것이다'라는 말도 욕망에 의
해 만들어진 의미의 집합인 '세계' 속에 새로운 이야깃거리를 하
나 형성한 것에 지나지 않는다. 각자(覺者)의 심상(心象)인 여실
의 풍광과는 완전히 동떨어진 생각이라 할 수 있다.

즉 '무의미하다'고 판단을 한 시점에서 '이야깃거리의 세계'
의 문맥으로 흡수되어 버리고, 여실의 풍광에서는 멀어져 버린
다는 뜻이다. 비유적으로 말하면 이러한 인식은 어디까지나 '작
품' 속 등장인물의 인식이고, 그 작품을 외부에서 감상하고 있는
사람의 인식은 아니다. 그렇기 때문에 '지혜와 자비의 괴리'라고
하는 어려운 문제는 여실의 풍광에서 보면 완전히 가상의 물음
이 된다.

그러면 그럼에도 불구하고 우리들이 그러한 문제의식을 끌어
안게 되는 것은 무엇 때문일까? 바로 우리들이 자신의 이야깃거
리에 영향을 받아 '고따마 붓다도 모든 것이 무의미하다고 설한
건 아닐까'라는 선입견으로 불교를 해석해 버리기 때문이다.

본 장의 앞부분에서 『노자』의 말을 인용한 후에, 요즈음은 초
등학생들이라도 '존재의 의미 같은 건 없다'정도는 말할 수 있

을 것이라고 지적하였다. 실제로 초등학생뿐만 아니라 성인들도 '존재에 의미는 없다', '인생은 무의미하다'고 말한다. 이러한 '현대적 니힐리즘(허무주의)'은 일본 사회의 구석구석에까지 넘쳐나고 있다.

그러나 이미 서술한 바와 같이 정말 모든 것이 '무의미'하다면 '무의미하다'고 말하는 것에도 '의미'는 없으며, 단지 새로운 '의미'를 만들고 있는 행위에 불과하다. 그럼에도 구태여 '무의미하다'고 자기 자신과 남에게 말하는 것은 그들의 마음 깊이 어딘가에 여전히 '의미'에 대한 아쉬움이 남아 있기 때문이다.

이러한 의론의 문맥에 맞추어 다시 말한다면, 고따마 붓다가 설한 가르침은 '모든 것은 무의미하다'는 뜻이 아니다. 붓다가 가르치고자 한 것은 '무의미하다'라고 말하여 새로운 '의미'를 만들어 나가지 않고는 견딜 수 없는 그 충동, 그 근원적인 욕망을 깊이 응시하고 멸진시키는 것이었다. 그런 다음에야 비로소 우리들은 이야깃거리 밖의 '세계의 끝장'에 진정으로 도달할 수가 있다. 붓다가 설한 것은 바로 그러한 것이었다.

___ '유희'

그러면 의미의 판단도 무의미의 판단도 그 효과가 사라져 버린 상태에서 중생에 대한 이타행을 하려고 하는 사람들의 심상은 어떠한 것인가? 굳이 언어로 간결하게 표현한다면 '유희'라는 표현이 적절해 보인다.

무위의 열반의 지혜를 열어서[覺知] 갈애를 여읜 눈으로 현상을 바라보았을 때 누가 가르쳐 주지 않아도 스스로 분명하게 알게 되는 것이 하나 있다. 지금·여기에 존재하고 있는 '나[私]'라고 불리는 이 통합체가 다른 모든 현상과 마찬가지로 하나의 '공공물(公共物)'이라는 점이다. '공공물'이라는 표현이 올바른지는 잘 모르겠다. 하지만 '나[私]'라고 하는 계속해서 발생하는 현상의 통합체는 '내 것'은 아니지만 다른 누구의 것도 아니고, 그렇다고 '모든 사람의 것'도 아니다. 꽃은 꽃처럼 있듯이, 산은 산처럼 있듯이, 돌은 돌처럼 있듯이, '나[私]'는 다만 그처럼(tathā) 있다. 거기에는 의미도, 무의미도 없다.

다만 그와 같은 여실의 풍광을 반성적으로 고찰해 보면 그것이 놀라운 일이라는 생각에 이른다. 특히 불생이고 무위인 열반이라고 하는 '다른 세상[他界]'에서 이 세상을 반조해 본다면 의미도 무의미도 없는 현상이 생성소멸을 거듭하면서도 형성되어 존재하는 자체가 '기적적'인 일이다. "신비라는 건 세계가 어떻게 있는지가 아니라 세계가 있다고 하는 그 자체이다."[8]라는 비트겐슈타인의 유명한 말은, 고따마 붓다가 설한 실천을 따라 수행하는 사람의 입장에서 보면 소박한 실감 그 자체이다.[9]

리스 데이비스나 키무라 타이겐(木村泰賢) 등이 지적하는 것처럼[10]『테라가타』나『테리가타』의 시 구절 중에서 종종 자연의 찬가를 볼 수 있다.『테라가다』의 제113게송에서 "맑은 물이 있고, 큰 바위가 있으며, 검은 얼굴의 원숭이와 사슴이 있고, 물과 이끼로 덮인 바위산은, 나를 즐겁게 한다(ramayanti)."라고 읊은 것이 바로 그 예이다.

또한『대반열반경』에는 "아난다여, 웨살리는 즐겁다."라는 등, 여러 가지 장소에 대해서 고따마 붓다가 '즐겁다(ramaniya; 아름답다)'고 찬탄하는 장면도 기록되어 있다.[11] 그 대상이 자연미라고는 하지만, 갈애를 멸진한 해탈자가 '즐긴다'고 말하는 것이 이상하게 보일지도 모른다. 하지만 사실 이런 표현은 결코 부사의한 것이 아니다. 대상에 대한 쓸데없는 집착의 이야깃거리를 여읜 각자(覺者)나 불제자들은 그러한 풍광에서 현상의 세계를 반조함으로써 존재에 대해 다만 존재한다는 것 그 자체를 순수하게 '즐길' 수가 있기 때문이다.

해탈자들이 종종 오해를 받듯이, 마치 생(生)을 혐오하고 세계를 경멸하면서[唾棄] 쓰디쓴 벌레라도 씹는 듯한 얼굴로 인생의 남은 시간을 지내고 있지는 않았다. 앞 장에서 인용한『신심명』에도 있듯이 무엇인가를 미워하고 싫어하는 것은 사랑하고 좋아하는 것과 마찬가지로 집착의 한 가지 형태이므로, 그러한 음극과 양극〔正負〕 어느 쪽인가의 집착에서도 벗어나는 것이야말로 해탈의 내실이기 때문이다. '의미', '무의미' 어느 쪽이든 모두 여읨으로서 비로소 '이야깃거리의 세계'를 끝낼 수 있는 것과 같다.

제1장에서 나는 고따마 붓다의 불교가 '범부가 생(生)의 내용이라고 생각하고 있는 것들'을 일단은 부정하고 있지만, '생' 그 자체를 철두철미하게 부정하였다고 단언할 수는 없다고 적었다. 그 이유는 단순하다. '범부가 생의 내용이라고 생각하고 있는 것들'을 염리하고 이탐하여 일단 해탈에 이른 사람은 이제 와서 긍정도 부정도 하지 않기 때문이다. 생을 부정하는 것이 해탈의 귀결이라면 해탈을 달성한 사람은 바로 자살하면 된다. 하지만 그들의 대부분은 그러기를 택하지 않는다. 갈애를 멸진하여 집착에서 떠난 해탈자들에게 있어서 생을 애호할 필요는 없지만 이를 혐오할 필요도 없기 때문이다.

그렇다면 그들은 인생의 남은 시간을 어떻게 보내는가? 갈애를 멸진하여 해탈에 이른 자들은 존재를 '단지 즐길 뿐'이다. 물론 '욕망의 대상을 즐기고, 욕망의 대상에 골몰하고, 욕망의 대상을 기뻐하는' 것과 같은 집착에 의해서 얻어지는 '즐거움'이 아니라, 오히려 거기에서 완전히 떠나 누구의 것도 아닌 현상을 관조하여야 비로소 알 수 있는 '최고의 즐거움(paramaṃ- sukhaṃ)'이라고 해야 할 것이다.

대상에 대한 집착이 아니고 이익을 얻는 것도 아니며 필요한 것을 채워 주는 것도 아니지만 '다만 즐겁다'. 그와 같은 본연의 상태를 '유희'라고 불러도 될 것이다. 불교에서는 어떠한 것에도 매이지 않는 자유 활달한 부처의 경지를 '유희삼매(遊戲三昧)'라고 표현하는데, 여기서 말하는 '삼매'는 '집중'이라기보다는 '섞인 것이 없다' 정도의 의미이다. 즉 해탈자들이 살고 있는 시간의 본바탕은 순수한 '유희'에 있다고 할 수 있다.

그러므로 그들의 일부가 이타행의 실천으로 나아간 것 역시 '유희'이다. 그들은 '필요'하기 때문에 그렇게 하는 것이 아니며, 또 '의미가 있어서' 하는 것도 아니다. 다만 눈앞의 '중생'이라고 불리는 현상은 스스로가 본래 '공공물'임을 깨닫지 못하고, '그것은 내 것이고, 그것은 나이며, 그것은 나의 아(我)이다'라고 생각해서 '세계'를 형성하고 자승자박의 괴로움에 빠져 있다. 해탈자들 역시 예전에는 범부였으므로 그것이 그들에게는 '사실'이고,

'현실'의 괴로움으로 작용하고 있음을 잘 알고 있기 때문에 '다만 돕는' 것이다.

'다만 돕는다'고 말한 것은 해탈자들에게는 행위의 대상인 중생에 대한 집착이 없고, '이야깃거리의 세계'를 실체시하지도 않기 때문에 의미도 이익도 필요도 없으며 '다만 행하게 된다'는 뜻이다. 그러므로 이러한 행위는 '유희'이다. 그와 같이 '유희'로서 '다만 돕는다'는 것이 사(捨)의 태도를 근저로 하면서 자, 비, 희의 실천을 행하는 내실이며, 이미 말한 바와 같이 '친절함'과 '자비'의 차이점이다.

다만 오해를 피하기 위해서 한 가지 주의할 점을 덧붙이자면 자비의 실천이 '유희'이긴 하지만 결코 진지하게 행하지 않는 것은 아니라는 점이다. '유희라면 진지하지 않을 것이다'라는 생각은 그 '유희' 이외의 다른 어딘가에 '진지하게 쓰여야 할 무엇인가'가 존재한다는 생각이 무의식적으로 전제된 '이야깃거리의 세계'의 인력(引力)이 작용한 발상이다.

예를 들어서 숨바꼭질을 하고 있는 어린이에게 "친구들과 놀고 있는 거니?"라고 물으면 대개 "놀고 있어요."라고 답한다. 이 어린이는 자신이 하고 있는 게 '놀이'라고 알고는 있지만 그렇다고 해서 숨바꼭질을 진지하게 하지 않는 건 아니다. 그의 의식에서 '진지하게 이루어져야 할 무엇인가'가 숨바꼭질과는 다른 영역으로 구분되어 있는 게 아니기 때문이다.

그리고 해탈자들의 '유희삼매'는 어린이들의 '놀이'보다 더 순수하다. 이미 말한 바와 같이 그들이 사는 시간 동안 하는 모든 것이 순수한 '유희'이며, 자기 자신을 포함한 모든 현상이 '공공물'임을 꿰뚫어 보고〔徹見〕 있다. 그리고 이타의 실천을 위해서는 경우에 따라 자신의 목숨까지 '볏짚강아지'처럼 던져 버리기를 마다하지 않는다. 그러한 일이 가능한 것은 그들에게 있어서 자비의 행위가 '유희가 아니기' 때문도 아니고, '무엇인가 그 이외의 중요한 것'을 다른 어느 곳인가에 확보해 놓고 있기 때문도 아니라 오히려 순수한 '유희' 그 자체이기 때문이다.

___이타행은 선택하는 것

보통 '유희'라고 하는 것에는 선택의 여지, 다시 말하면 '자유재량'의 가능성이 존재한다는 것 또한 확인해 두지 않으면 안 된다. 깨달은 후의 고따마 붓다가 설법을 한 것은 필연적인 일이 아니라 어디까지나 선택의 결과였음은 앞에서 언급하였다. 각자(覺者)라는 존재가 갈애가 유발하는 충동에 따라 맹목적으로 행동하는 범부가 아니라, '공공물'이기도 한 '나〔私〕'라는 현상을 자유로이 놀게 하는 해탈자인 이상 선택의 여지가 있음은 당연하다.

불교에서는 일반적으로 독각(獨覺, pacceka-buddha, 緣覺)이라는 사람들의 존재를 인정한다. 독각은 불제자인 성문(聲聞, sāvaka)과는 달리 스승 없이 독자적으로 각자(覺者)가 된 사람들이고, 깨달은 후에 고따마 붓다처럼 자비의 이타행을 실천하여 널리 중생을 구제하는 일 없이 그대로 죽은 사람들이다. 고따마 붓다가 세상과 중생을 관찰한 뒤에도 마음을 바꾸지 않았다면 한 사람의 독각으로서 누구에게도 알려지는 일 없이 생을 마감하였을 것이다.

혹은 세계와 중생에 대한 관찰을 통해서 별도의 결의를 한 사람들도 있다. 보살이 부처의 위치〔佛位〕에 이르기까지의 수도 과정을 열 단계〔十地〕로 나누어서 설한 초기의 대승경전인 『십지경(十地經)』을 보면 '깨달음'의 첫 단계(初歡喜地)에 들어 진리를 체득하고 기쁨에 넘친 보살이 고따마 붓다와 마찬가지로 세계의 중생을 관찰한다.[12]

그 관찰에 의해서 중생이 무명(無明)으로 인해 자승자박의 괴로움에 빠져 있는 것을 본 보살에게는, "범부는 불쌍히 여겨야 한다. 자각이 없는 채로 괴로움을 받고 있다."는 "대비(大悲)의 지혜"가 생겨난다. 그리고 "나는 중생을 구호하여, 불도(佛道)의 즐거움[樂]에 주(住)케 하지 않으면 안 된다."는 "대자(大慈)의 지혜"가 생겨난다.[13] 이때 그 구제의 대상은 고따마 붓다의 경우와는 달리 일체중생이다.

초환희지는 보살이 여러 가지 서원을 세우는 단계이다. "만약 중생이 다하지 않으면 내 서원도 다하지 못하리라. (…) 그렇지만 중생은 실로 다할 수가 없다. (…) 나의 제원선근(諸願善根) 또한 다할 수가 없다."라는, 이른바 '십진구(十盡句)'가 잘 알려져 있다.[14] 즉 "중생이 다하면 나의 원도 다하지만, 중생이 다하는 일은 없기 때문에 나의 원도 다할 수가 없다."라는 뜻이다. 구태여 열반에 들지 않고 모든 중생을 두루 구제하고자 하는 『십지경』속 보살의 결의는 "그들에게 불사(不死)의 문은 열렸다."고 하는 고따마 붓다의 태도와 그 성질이 같지 않다.

이를 통해 알 수 있는 것은 각자(覺者)가 자비의 이타행으로 나아가서 '이야깃거리의 세계'에 다시 관여할지 어떨지, 그리고 어떻게 어느 정도의 수준에서 행할지는 기본적으로 '자유로운 선택'의 문제라는 점이다. 즉 독각처럼 해탈을 한 뒤에도 그 경지를 다른 사람에게 열어 보이지 않는 사람이 있는가 하면, 고따마 붓다와 같이 능력[機根]이 있는 중생에게만 가르치려고 생각하는 사람도 있다. 아니면 『십지경』의 보살과 같이 일체중생을 한 사람도 남김없이 구제해 내겠다고 결의를 하는 사람도 있다. 이와 같이 사람에 따라서 깨달음 이후에 어떤 태도를 취하는지 그 선택이 다른 건 각자(覺者)가 진리를 체득한 다음에 하는 모든 '행위'는 본질적으로 순수한 '유희'임을 고려하면 실제로는 당연한 일이다.

본 장 앞부분에 인용한 『자애경(慈愛經, Metta-sutta)』의 내용으로 알 수 있듯이, 고따마 붓다에게도 일체중생에 대한 자비심이 없었던 것은 아니다. 붓다 역시 예전에 범부였던 이상, 『십지경』의 보살과 마찬가지로 중생이 스스로 깨닫지 못한 채 괴로워[苦]하고 있음은 충분히 이해하고 있었다. 그러므로 '불쌍히 여기는 마음'도 확실히 있었고 '일체중생이 행복하기를' 바라기도 하였다. 다만 붓다는 대승의 보살들과는 달리 굳이 열반에 들지 않고 일체중생을 모두 구하겠다는 실천을 선택하지 않았을 뿐이다.

이와 같이 지혜의 각오(覺悟)와 자비의 실천은 결코 모순되지는 않지만 그렇다고 해서 반드시 병존하지 않으면 안 되는 것도 아니다. 열반을 각지한 사람이 이타를 실천하지 않는 일도 충분히 있을 수 있으며, 실천한다 하여도 어떻게 어느 정도의 수준에서 행할 것인지는 본인의 자유로운 선택, 혹은 결단의 문제이다. 이 역시 현실의 불교를 이해하기 위해서는 얼버무리지 말고 다루어 두어야만 하는 중요한 확인 사항이라고 생각한다.

__다양성을 생각한 인간

2,500년 전 인도에서 고따마 붓다라는 한 개인이 시작한 불교는 그 후 아시아를 중심으로 넓은 지역에 전파되었다. 그리고 오늘날에는 유럽과 아메리카를 포함한 전 세계에 뿌리를 내리며 많은 수행자와 신자를 확보하고 있다.

넓은 지역에서 오랜 역사를 거치며 존속해 왔다는 점뿐만 아니라, 그 가운데 놀라울 정도의 사상적인 다양성을 포함하고 있다는 것 역시 불교의 특징이다. 예를 들어 일본에 현존하는 종파를 대충만 훑어보아도 거기에는 선(禪)이 있고 정토(淨土)가 있고 진언(眞言)이 있고 법화(法華)가 있으며, 그 밖에도 받드는 경전도 말하는 교설도 행하는 실천도 다른, 다양한 종파들이 줄지어 있다. 그 모습을 바라보고 있다 보면 분명히 '법문무량(法門無量)' 이라고 말은 하지만, 이렇게 다양한 사상과 실천을 모두 '불교' 라는 명칭 하나로 포괄하는 것은 역시 좀 무리가 아닌가 하는 생각이 들 정도이다.

그렇다면 그와 같이 압도적인 다양성을 '불교'가 하나의 커다란 종교 운동으로서 포함하게 된 원인은 무엇일까? 물론 이 점에 대해서는 여러 가지 설명이 가능할 것이다. 하지만 나는 그 한 가지로 위에서 언급한 각자(覺者)의 '유희'로서의 '이야깃거리의 세계'에 관여하는 방법, 그 '자유재량'의 가능성을 들 수 있다고 생각한다.

앞 장의 서술로도 분명하다고 생각하지만 열반은 그 자체로 완전하고 자족적(自足的)인 경지이다. 불생, 즉 발생하지 않고, 무위, 즉 함이 없다고 하는 것은 과함이나 모자람이 없다는 의미이다. 또 열반이 변화도 쇠멸도 없는 상락경(常樂境)인 이상, 그 외에 무언가를 더 바랄 필요도 없다. 그리고 그러한 열반의 지혜를 열어[覺知] 갈애를 멸진한 사람들은 현상을 분별하는 이야깃거리를 보고 집착하는 것에서 떠나 있다. 공(空, suññata), 무상(無常, animitta), 무원(無願, appaṇihita)을 우리는 '삼문해탈(三門解脫)'이라고 하고, 테라와다에서는 열반의 3종 행상(行相, ākāra)이라고 한다.[15] 현법열반에 도달한 해탈자들이 관(觀)하는 것이 바로 이러한 공, 무상, 무원의 풍광이다.

그와 같이 완전하고 자족적이며 그 외의 것을 더 이상 필요로 하지 않는 경지에서 고따마 붓다는 굳이 '이야깃거리의 세계'에서 괴로워하는 중생 쪽으로 손을 내밀어 전부는 아니더라도 능력이 있는 일부 사람들을 구제하려고 하였다. 이는 각자(覺者)

에게는 순수한 '유희'지만, 범부의 시점에서 보면 고따마 붓다에 의해 새로운 이야깃거리를 형성하는 것이 된다. 완전자족의 경지에 혼자 있기를 택하지 않고, '이야깃거리의 세계'를 살아가는 중생에게 관여할 것을 결심한 이후 그가 한 '행위'를 관찰하는 사람들의 눈으로 본다면 '또 하나의 이야깃거리'로서 비추어지게 되는 건 피할 수 없다.

다만 고따마 붓다가 시현(示現)하는 이야깃거리는 중생이 붓다가 설하는 가르침을 실천함으로서 그 이야깃거리 밖으로 나올 수 있게 한다. 고따마 붓다가 자신의 가르침을 뗏목에 비유해서, 번뇌의 격류를 다 건너고 나면 이를 버려야 한다고 한 유명한 말처럼[16] '이야깃거리의 세계' 이외의 것을 알지 못하는 중생을 밖으로 인도하기 위해서는 그와 같은 '뗏목' 즉 이야깃거리를 놓아 버리게 하는 일시적인 이야깃거리를 제시하는 것 외에는 방법이 없다.

그런데 그와 같이 해서 고따마 붓다의 가르침에 따라 '이야깃거리의 세계'를 끝낸 사람들은 그 풍광에서 현상을 반조하고, 그에 대한 태도를 결정한다. 고따마 붓다의 생존 동안, 그리고 입멸 후 당분간은 붓다가 보여 준 태도가 규범이 되어 불제자들에게 강한 구속력을 가졌을 것이다. 하지만 시간이 경과함에 따라 그 영향력이 약해지고 주위의 환경 역시 바뀌어 가면서 개인의 결단이나 중생의 상황에 따라서 고따마 붓다와는 별도의 이야깃거리를 시현하기 시작하는 각자(覺者)[17]가 등장하게 되는 것은 당연한 일이다.

몇 번씩 반복하지만 각자, 즉 해탈자들에게 있어서 깨달은 후의 '행위'는 모두 순수한 '유희'이다. 그리고 '유희'인 이상 그 방법은 '자유'이기 때문에 이타의 실천으로 나아 갈 경우, 그 범위나 형식에 대해서는 그들 재량껏 할 수 있는 여지가 존재한다. 다시 말하면 불교도는 모두 '이야깃거리의 세계' 외부에 이르기를 시도하지만 그에 성공한 다음에는 미오(未悟)의 중생을 위해서 어떠한 이야기를 시현할지(혹은 처음부터 전혀 행하지 않을지)는 본인의 '자유재량'에 따라 여러 선택지가 존재한다. 그래서 본질적으로는 항상 미결정의 상태로 열려 있다고 말한다.

그렇기 때문에 고따마 붓다가 열반이라고 하는 상락경에 혼자 있기를 택하지 않고 설법이라는 형태로 '이야깃거리의 세계'에 다시 관여할 것을 결정한 시점에서, 불교 안에는 이미 다양화의 씨앗이 배태되어 있었다고 말할 수 있다. 고따마 붓다의 교설은 다양한 이야깃거리(papañca)에서 사람들을 불러내지만, 그 결과 '스토리의 세계'에 대한 집착에서 벗어난 각자(覺者)들은 다시 다양한 방법으로 그 세계에 구애될 가능성을 손에 넣게 되기 때문이다.

불교의 본질

이상과 같이 살펴본 대로 불교의 다양성은 놀라울 정도이다. 그중에는 서로 모순되는 사상이나 실천도 많이 포함되어 있다. 그러므로 그중 어느 것이 '올바른 불교'이며, 어느 것이 '참된 불교'인가 하는 문제는 불교인 사이에서 종종 논의되기도 한다. 하지만 나로서는 그러한 다양성은 각자(覺者) 저마다의 '이야깃거리의 세계'에 대한 대응 방법의 차이에서 비롯되는 것이므로 그중 어떤 것이 '바르고' 어떤 것은 '틀리다'고 단정적으로 말할 필요는 없다고 생각한다.

다만 '불교이다'라고 선언이라도 한다면 모두 불교라고 할 수도 없어 난처하다. 그렇기 때문에 개인적으로 '불교'를 판정하는 기준을 제시한다면 그 가르침을 설하는 자(듣는 자가 아닌)가 '이야깃거리의 세계' 외부를 보는 시야를 스스로 갖고 있는지 여부라고 할 수 있을 것이다.

열반을 증득하기 위한 실천을 행할 수 없는 사람이 있을 수 있고, 그들을 위해서 '이야깃거리의 세계'에서 벗어나지 않은 가르침을 설하는 일도 경우에 따라서는 허용될 것이다. 그러나 적어도 그러한 가르침을 설하는 측에서는 이야깃거리의 세계 외부의 풍광을 자신의 내부에 가지고, 그곳을 입각지로 하면서 중생에게 작용할 필요가 있다. 그렇지 않으면 그 실천은 욕망의 이야깃거리에 말려들어 행하는 맹목적인 '친절함'에 불과할 뿐, 불교의 '자비'와 유사하지만 다른 것이 되고 만다.

불교의 본질은 '세계'를 초탈한 무위의 상락경을 알고 난 후, 그 상태에서 굳이 이야깃거리의 다양함에 다시 관여하려고 하는 데 있다. 그러므로 거기에 새로운 이야깃거리가 다양한 방법으로 시현하는 것은 당연하지만, 그러한 이야깃거리가 '불교'이기 위해서는 어디까지나 '유희삼매'의 경지에서 집착을 여읜 형태로 말해야만 한다. '무량한 법문'이라는 현상이 그 형태가 다양함에도 모두 '불교'라고 말할 수 있는 것은 이를 말하는 사람들이 '이야깃거리의 세계'를 초월해 나감으로서 고따마 붓다와 똑같은 경지를 본다는 것에 원리적 근거가 있기 때문이다.

__다음 장으로의 이행

본 장에서는 '고따마 붓다는 깨달음을 연 후 왜 죽지 않았던 것인가?'라는 문제를 고찰하면서 그로부터 알게 된 지혜와 자비의 관계 및 불교의 본질에 대해서 살펴보았다. 제5장, 제6장에서 '고따마 붓다가 말하는 해탈·열반이란 무엇인가?'에 대한 문제의 해명과 함께 이것으로 이 책의 주제에 대한 기술은 일단 마쳤다고 할 수 있다.

마지막으로 다음 장에서는 지금까지 밝혀진 고따마 붓다의 불교의 성질을 전제로, 이후의 불교사가 어떠한 전개를 보였는지에 대해 간단한 경과를 보여 주려고 한다. 물론 다른 대부(大部)의 저작에 대한 검토가 필요한 문제이므로, 어디까지나 대략적으로 살펴보는 인용문이자, 에피소드의 점철로 푼 주제에 대한 여담이기도 하다.

제8장

'본래성(本來性)'과
'현실성(現實性)' 사이에서

: 그 후의 이야기

○　　그대들은 불조(佛祖)를 만나고 싶다고 생각하는가.

　　지금 내 앞에서 설법을 듣고 있는

　　그대들이야말로 그것인데.[1]

　　… 『임제록』

__하나의 참고 의견

이제부터는 여담이다. 고따마 붓다의 불교가 '무엇'을 목표로 하였고, 그 목표를 달성하면 '어떻게 되는지'를 해명하는 것이 이 책의 목적이었다. 이러한 것들에 대해서는 지금까지 서술한 내용으로 이미 어느 정도의 답을 얻었으리라고 생각한다. 그래서 본 장에서는 그 여담으로 이 책의 관점으로 볼 때 고따마 붓다 입멸 후의 불교사가 어떻게 비추어지는지에 대해 간단히 소묘해 보고자 한다.

물론 불교사는 고따마 붓다의 재세(在世) 기간의 내용보다 사후의 편이 훨씬 길다. 대략 2,500년, 대승불교가 일어난 이후부터 헤아려도 2,000년 정도의 역사를 갖는다. 그 안에는 앞 장에서 서술한 바와 같이 지역적으로나 언어적으로나 사상적으로 압도적이라 할 수밖에 없는 다양성이 내포되어 있다. 따라서 그 전부를 자세히 살펴보고 검토하는 건 이 작은 책으로는 불가능하다.

그러므로 지금까지의 의론으로 분명해진 고따마 붓다의 불교의 성질을 전제로 하여 생각하면 이제부터 말하는 내용은 조리가 있는, 대단히 이해하기 쉬운 불교사의 사상(事象)에 대해 몇 가지 에피소드를 점철한 것에 불과하다. 이후의 서술을 통해서 다종다양한 불교 사상(事象) 대부분의 원리적인 구조를 보다 훌륭하게 설명하는 일(물론 나는 그렇게 생각하지만)은 훗날 또 다른 저작을 통해서 논증되어야 할 것이다.

그러한 의미에서 다음의 서술은 어디까지나 본론의 여담에 지나지 않는다. 독자들에게는 각자 나름대로 불교에 대해 고찰하는 데 있어서 하나의 참고 의견으로서 가벼운 마음으로 읽혀지기를 기대한다.

___ '대승'의 기묘함

불교를 배우기 시작할 무렵, 나는 소위 '대승'의 불교도들을 왜 '불교'라고 불러야 하는지 잘 알지 못했다. 입문서를 읽고 연구서도 읽고 그리고 직접 대승경전을 읽어 보니, 거기에서 설하고 있는 가르침들은 고따마 붓다의 직설(直說)을 가장 잘 전해 주고 있다는 소위 '초기경전'의 가르침과는 적지 않은 괴리가 있었고, 경우에 따라서는 모순된다고까지 생각했기 때문이다.

예를 들면 『대반열반경』에 기술되어 있는 고따마 붓다의 임종에 대한 장면이다. 거기에서 붓다는 "모든 현상은 쇠멸하는 성질의 것이다. (그러므로) 태만하지 말고 수행을 완성토록 하라."[2]고 설한 뒤 입멸한다. 이 장면은 불전 중에서도 굴지의 명장면이라고 말할 만하다. 실제로 상좌부권의 스님들은 지금도 재가신도에게 수계를 할 때 이 "태만하지 말고 수행을 완성토록 하라(appamādena sampādetha)."라는 말을 빨리어로 제창하면서 마치는 것이 일반적이다. 그 정도로 빨리어 경전을 받드는 불교도들에게 이 장면은 중요하고 인상 깊은 일로 받아들여지고 있다.

하지만 가장 중요한 대승경전 중 하나인 『법화경』에서는 고따마 붓다의 입멸(般涅槃)을 "중생을 제도하기 위해서 방편으로 열반을 나타낸다."라고 설한다. 그리고 이 방편은 어디까지나 중생을 구하기 위해서 가현(假現)한 것에 지나지 않는다고 한다. 그리고 "그러나 실제로는 멸도(滅度)하지 않고 항상 이 세상에 주하면서 법을 설한다."고 말하여 실제의 고따마 붓다는 죽은 것

이 아니라 항상 이 세상에 존재하면서 설법을 계속하고 있다고 한다.[3]

나는 이와 같은 『법화경』의 설이 '무가치'하다든지, '잘못됐다'고 판단하려는 것이 아니다. 오히려 내가 이해할 수 없었던 건 '이와 같이 불멸(佛滅)에 대해 곡예 같은 해석을 할 정도라면 '구원실성(久遠實成)'[4]의 신이나 교조를 세우는 이종교(異宗敎)로 시작하는 것이 좋을 것 같은데, 이 사람들은 왜 그렇게 하지 않았을까?'라는 점이었다. 즉 『법화경』의 제작자들이 굳이 '불교'의 테두리 안에서 자신의 교설을 주장하려고 하는 그 동기를 이해할 수 없었다는 것이다.

애당초 '대승(s. mahāyāna)'은 기묘하게 구성된 논리에 의거한 종교 운동이다. '보살승(s. bodhisattvayāna)'이나 '불승(佛乘, s. buddhayāna)'이라는, 현세에서 고(苦)로부터의 해탈이라는 자리(自利)를 추구하는 아라한이 아니라 일체중생을 널리 구제하는 자리(自利)와 이타(利他)의 완성자로서의 붓다가 되기를 궁극적인 목표로 하고, 그 과정에 있는 보살이 되고자 하는 것이 본래 의도이다.[5]

하지만 곰곰이 생각해 보면 이상한 논리이다. 이미 고따마라고 하는 붓다가 이 세상에 출현해서 중생이 괴로움에서 해탈할 수 있는 방법을 확실히 열어 보여 주었다. 그렇다면 불제자로서 해야 할 일은 그 방법을 다른 사람들에게 전하고 또 자신에게도 적용하여 함께 고통에서 해탈하는 것이다. 일일이 고따마 붓다가 과거생에 한 이타행의 과정을 슬슬 고쳐 가며 긴 시간 수행한 끝에 자신이 붓다가 되어, 고따마 붓다가 한 것과 동일한 방법을 다시 발견하여 중생에게 설한다고 하는 식으로 에둘러 할 필요는 본래 없었을 것이다. 다시 말해서 고(苦)에서 해탈하는 방법은 고따마 붓다가 이미 명쾌하게 제시하였으므로, 승가를 유지하면서 그 방법을 다른 사람이나 후세에 전하고 자기 자신도 그것을 실천하여 고(苦)에서 해탈하는 노력을 하는 것이 불제자로서 가장 중요한 의미를 가지는〔第一義的〕 생(生)의 모습일 것이라는 뜻이다.[6]

달리 말해, 이타행을 하고 싶을 뿐이라면 그러한 목적을 가진 종교를 별도로 만들면 될 텐데, 일부러 새로운 경전을 제작해서까지 자신의 입장을 '불교'라고 주장할 필요는 없다. 그렇다면 '대승'의 불교도들은 왜 '불교'의 테두리 내에서 자기 자신의 입장을 확립하려고 하였던 것일까?

___ '본래성'과 '현실성'

이러한 의문은 내가 오랫동안 품고 있었던 것이지만, 앞 장 마지막 부분에서 언급한 바와 같이 지금은 어느 정도 답이 나왔다고 생각한다. 즉 부파(部派)의 분열에서부터 '대승'의 모든 사상에 이르기까지, 불교가 다양성을 끌어안을 수밖에 없었던 것은 각자(覺者)들이 '이야깃거리의 세계'를 대하는 대응 방법의 차이, 아라키 겐코(荒木見悟)의 용어를 빌려 말하자면[7] 불교인 각자의 '본래성'과 '현실성'의 관계를 이해하는 방법에 차이가 있을 수 있기 때문이다.

제6장에서 서술한 바와 같이 '적멸위락(寂滅爲樂)', 즉 무위의 적멸경(寂滅境)인 열반이 '최고의 즐거움(樂)'이고, 불제자라면 이를 지향해야 한다는 것이 고따마 붓다의 불교에서 가장 기본적인 판단이다. 이에 대해서는 생성소멸하는 현상의 집착에 의거하여 '이야깃거리(物語; 범부에게 있어서의 현실)가 전개되는 세간(loka)'보다도 이를 초월한 불생불멸의 '출세간(出世間, lokuttara)'에 높은 가치를 둔 '본래성'을 지향하고자 하는 어기찬 태도라고 말할 수 있을 것이다.

하지만 고따마 붓다의 입멸 후 얼마간의 시간이 지난 뒤 각자들 가운데에는 그와 같은 교조(教祖)의 태도, 혹은 그 가르침의 일부를 굳게 지키는 동료들과는 다른 태도를 선택한 사람들도 있었다. 그들은 물론 '본래성'으로서의 열반이 높은 가치를 가지고 있음을 알고 있었다. 하지만 동시에 그 관점에서 반조된 '현실성'에도 고따마 붓다보다 훨씬 높은 평가를 내렸다. 즉 일부 깨달은 이들이 하던 '유희' 중에 '이야깃거리의 세계'에서의 방편행, 다시 말하면 '현실성' 가운데에서의 구체적인 이타의 실천이 고따마 붓다의 경우보다도 훨씬 높은 비중을 점하였던 것이다.

그러나 무위의 적멸경에 머물기보다 '이야깃거리의 세계' 속에 있는 중생에게 작용하기를 우선하는 입장은 고따마 붓다의 언행에서 어긋난다. 그러므로 그들은 스스로 새로운 경전이나 논서를 제작하고 거기에서 어떻게든 자신들의 가치판단에 교리적인 타당성을 덧붙이려고 하였다. 이렇게 해서 이루어진 것이 '성불'이라는 목표를 무한의 먼 미래에 세워 놓고, '보살'로서의 현재는 그를 위한 '과정의 생(生)'이라는 정의이다. '이야깃거리의 세계'에서 하는 금생(今生)의 활동을 정당화하고, 용수(龍樹)가 했던 것처럼 '열반'과 '세간'의 구별을 무효화함으로써 후자(後者)에서 전자(前者)로의 이행이라는 고따마 붓다의 불교의 기본선(基本線) 자체를 '공중에 매달아' 버렸다.

'대승'은 물론 흠 없는 매끈한 바위〔一枚岩〕 같은 것도 아니고, 그 자체에 다양성을 포함하고 있는 복잡한 종교운동의 총체이다. 하지만 그 근저에는 위에서 말한 대로 열반보다도 세간을, 불생불멸의 적멸경보다는 생성소멸하는 '이야깃거리의 세계'를 고따마 붓다보다도 높은 가치를 부여하려는 동기가 그 기본 방향에 작용하고 있다. 예를 들어서 앞에서 예로 든 『법화경』의 '구원실성'의 사상은 부처님을 반열반에 든 존재가 아니라, 구원의 과거부터 현재에 이르기까지 이 세상에서 설법을 계속하는 분이라고 인식을 되돌린다. 이러한 태도는 불교의 '현장'을 '본래성'의 지향〔志求〕에서 '현실성'에서의 활동으로 전환시켰다고 해석할 수 있을 것이다.[8]

다만 '대승'의 '현실성' 중시는 어디까지나 '본래성'의 풍광에서, 그 관점을 내부에 간직한 '유희'로서 (원리적으로는) 쓰이고 있다는 점 역시 확인해 두지 않으면 안 된다. 이미 기술한 바와 같이 단지 '이야깃거리의 세계'에서 이타를 실천하고 싶어 하는 것뿐이라면 이를 굳이 '불교'라고 부를 필요는 없다. 그들이 고따마 붓다가 보여 준 태도로부터 적든 많든 일탈, 이반(離反)하면서도 자신을 '불교도'라고 생각한 건 그들이 '현실성'에 관여할 때의 입각지가 고따마 붓다의 가르침에 따름으로서 얻었다고 자기인식한 '본래성'의 풍광에 있었기 때문이다.

'본래성'을 알고 자기의 입각지를 거기에 둔다는 입장은 고따마 붓다와 다르지 않아도, '현실성'과의 교섭 방법에 있어서는 고따마 붓다와 다른 길을 택한 사람들이다. '대승'이란 그와 같은 각자(覺者)들에 의해서 떠맡게 된 운동이 아닌가 생각된다.

__무엇이 '본래성'인가

다만 '본래성을 안다'고 말해도 그들이 세상에 머물며 '현실성'과 관계가 있는 이상, 입각지라는 '본래성'의 풍광이 그 '현실성'과의 교섭을 거쳐도 고따마 붓다의 경우와 전혀 다름이 없이 계속 이해되고 있었는지 어떤지는 물론 의론의 여지가 있다. 예컨대 테라와다 불교의 교리에서는 승의(勝義, paramattha)의 것, 즉 진실(truth), 현실(reality)로서 네 가지 카테고리를 인정한다. 즉 심(心, citta), 심소(心所, cetasika), 색(色, rūpa), 그리고 열반(涅槃, nibbāna)이다.[9]

이 네 가지 중 심(心)과 심소(心所)와 색(色)은 세간제(世間諦, loka-sacca)라고 부르고, 열반은 출세간제(出世間諦, lokuttara-sacca)라고 부른다. 전자는 유위(有爲)의 것으로서 생성소멸하는 세간(世間, loka, 세계)을 형성하는 것이며, 후자는 세간을 초월한 불생(不生)이고 무위(無爲)인 출세간의 영역을 가리키기 때문이다.

또 불교에서는 일반적으로 세속제(世俗諦, sammuti-sacca)와 승의제(勝義諦, paramattha-sacca)의 구별을 인정하는데, 테라와다에도 물론 그런 식의 구별은 존재한다. 세속제란 영어로는 conventional truth 등으로 번역되는데, '사람들의 합의에 의해서 인정된 관습적인 진리'정도의 의미이다. 예를 들어 '까마귀는 조류이다'라는 정의는 세속제에 속한다. 승의에 속하는 여실(如實; 있는 그대로의 현실)의 풍광에서 보면 '까마귀'도 '조류'도 존재하지 않기 때문이다.

결국 우리들은 세 가지 세간제가 형성되는 현상을 여실하게 지견할 수 없기 때문에 개념(paññatti)이나 분별의 상(相, papañca; 이 책에서는 이야깃거리(物語)라는 용어)을 만들어 내는데, 그중에서 사람들이 '옳다'고 관습적으로 합의하고 있는 것을 '세속제'라고 부른다는 것이다. 예를 들어서 '까마귀는 곤충이다'라는 말은 사람들에게 인정받지 못한다. 세속적인 의미에서도 진리[諦]가 아니기 때문에 단순한 '틀림'이 되는 것이다.

그런데 그렇게 되면 테라와다의 교리에서 인지의 레벨을 실질적으로는 세 가지 층으로 인정하는 것이 된다. 즉 범부에게 있어서의 '현실'이자 '이야깃거리의 세계'라고 하는 세속제가 통용되는 층, 그리고 여실지견하는 자들에게 있어서의 '현실'인 생성소멸하는 세간제의 층, 끝으로 그와 같은 세간의 범위를 완전히 넘어선 불생이고 무위인 출세간[諦]의 층이다.[10]

그렇다면 그중에서 '본래성'이라 부를 수 있는 것은 어떤 층일까? 물론 테라와다의 교리로 말하면 심, 심소, 색, 열반을 승의라고 하므로 세간제와 출세간제의 두 층이 '본래성'에 해당되고 세속제가 통용되는 '이야깃거리의 세계' 층은 그에 대한 '현실성'에 해당될 것이다.

하지만 『중론』에서와 같이 세간(世間)과 열반[出世間]의 구별을 무효화하는 입장을 취한다면, 세간제와 출세간제의 구별 또한 당연히 무효화되고, 이에 따라 파악되는 '본래성'의 내실도 변하게 된다. 그러한 해석의 연장선으로 불교인은 '이야깃거리의 세계'에서 나와 생성소멸하는 현상을 여실지견하는 것으로 충분하므로 그 이상의 무위열반의 영역 등을 생각하는 것은 필요 없다는 주장도 생겨날 수 있을 것이다. 실제로 '대승'의 불교도들 입장에서 본다면 현세에서 결정적으로 해탈을 할 필요는 없다고 보기 때문에 열반 각지의 중요성이 고따마 붓다의 불교의 경우보다도 상대적으로 떨어진다.

그리고 이와 같이 '적멸위락'이라는 가치판단을 거절하고 열반과 세간의 구별을 무효화하는 경향은 한층 더해져서 결국에는 분별과 무분별의 구별조차 부정해 버리게 된다. 즉 '이야깃거리 세계'가 그대로 '본래성'으로서 되돌아오고 마는 것이다. 달리 말하면 애당초 '본래성'과 '현실성'의 차이 같은 것은 없었다고 하며, 그 구별을 무효화한다. 이러한 경향은 중국, 한국, 일본 등의 동아시아의 대승불교에서 짙게 보이고 있다.

＿중국선(中國禪)의 경우

예를 들어 중국 당나라 시대의 선(禪)에서 그 '주류(主流) 내지 기조(基調)'[11]를 확립한 마조 도일(馬祖道一, 709~788)의 입장이 그러하다. 중국 선 연구자인 오가와 류(小川隆)에 의하면 '조사서래의(祖師西來意; 선종의 개조인 달마 대사가 중국으로 온 목적)'라는 형식으로 문제화된 선의 제일의(第一義)에 대해서 당대(唐代) 선의 경우에는 마조의 '즉심시불(卽心是佛)'이라고 하는 직절단적(直截端的)인 가르침이 가장 기본적인 정의가 된다고 하였다. 즉 보리 달마가 중국으로 온 목적은 '이 마음이 그대로 부처이다(卽心是佛)'라는 뜻을 전하기 위한 것이고, 그 사실을 나의 몸으로 사무쳐 깨닫고자 하는 것이 당대(唐代) 선의 기본이었다는 뜻이다.

이 '즉심시불'이라는 마조, 혹은 당대(唐代) 선의 주류 입장은 어떤 측면에서는 고따마 붓다의 교설을 올바르게 계승하였다.

고따마 붓다는 '현법열반'을 설하면서 '세계의 끝장'은 언젠가 어딘가에 있는 장래의 것이 아니라 '이 한몸〔一尋〕 정도의 신체에서' 실현된다고도 말하였다. 선의 경우에도 그 속에 포함된 대승불교의 기본 전제를 생각해 보면 '깨달음'의 경지가 한없이 먼 미래의 결과로 상정되어 있을 테지만 당대(唐代)의 선은 다시(고따마 붓다와 마찬가지로) 지금·여기의 문제로서 되돌려 놓았다. 이러한 점을 생각해 보면 선이 다른 대승의 제파(諸派)보다도 고따마 붓다의 불교에 가깝다고 할 수 있다.

물론 양자 사이에는 커다란 차이도 있다. 본 장 앞부분에 인용한 『임제록』의 말이 단적으로 보여 주듯이 '즉심시불'이란 말은 지금·여기의 우리들 자신이 바로 그대로 부처라는 뜻이다. 그 외에도 『임제록』에는 "일 없는 이 귀인, 다만 조작하지 마라. 오직 이 평상이어라."[12]라든가 또 "무수무증(無修無證)"[13]이라는 유명한 말도 있다. 또한 『임제록』에서는 "좌선관행(坐禪觀行)하고, 염루(念漏)를 알아차려 놓치지 않고, 시끄러움〔喧〕을 피하고 고요함〔靜〕을 구하는 것은 외도(外道)의 법이다."[14]라고도 말한다. 즉 명상(좌선관행)을 하여 마음챙김을 유지하고(염루를 알아차려 놓치지 않고), 이러한 수행으로 바로·지금〔卽今〕의 이 몸과는 다른 자신이 되어, 그것으로 증오를 얻으려고 하는 건 조작(造作; 조치

하는 것)이고, 중요한 것은 아무런 일도 하지 않는 것[無事]이며, 오로지 평상(平常) 그대로인 것이라는 뜻이다.[15]

이와 같은 '즉심시불'이나 '평상무사(平常無事)'의 주장은 "고(苦)는 없는 것이 아니라 있는 것이다."라고 설하고, 범부의 현상을 고(苦)라고 명확하게 규정한 다음, 이를 초월하는 방법으로서의 선정(禪定)이나 지혜(智慧)를 가르친 고따마 붓다의 입장과는 역시 다른 부분이 있을 것이다.[16] 당대(唐代) 선의 주류인 마조계의 선(禪)에서는 수습(修習)에 의한 '현실성'에서 '본래성'에로의 이행(移行)이라고 하는, 고따마 붓다의 불교에서는 명백히 볼 수 있었던 방향성은 무효화되고 '현실성'과 '본래성'은 매개 없이 동등한 위치에 있는 것이 된다.[17]

그런데 송대(宋代)의 선(禪)에서는 이러한 경향에 변화가 생겼다. 당대(唐代)에는 일정한 문제에 대한 관심(關心)의 문맥 가운데 다루어지면서 의미를 가졌던 개개의 선문답(禪問答)은 대혜종고(大慧宗杲, 1089~1163)가 창출한 '간화선(看話禪)'에 의해서 문맥에서 고립되고 독립된 '공안(公案)'으로 분리되어 선자(禪者)들이 참구(參究)하는 소재가 되었다.

문맥에서 분리되어 버린 개개의 선문답은 당연히 탈의미적(脫意味的)인 것으로 되어, '무의어(無義語)'이자 '무리회화(無理

會話: 분별이나 판단으로 이해할 수 없는 이야기-옮긴이)'가 되어 버린다. 대혜계(大慧系)의 '간화선'에서 수행자는 이런 무의미하고 비개념적인 언어의 단편(斷片)을 '활구(活句)'로서 참구하고, 거기에 정신을 집중함으로써 '심의식(心意識)'이 '호흡이 끊어진', '철두(徹頭)의 곳[處]'에 이르고자 하였다. 이 '간화선'은 그 후 중국, 한국, 일본에서 선의 주류를 이루었는데, 현대 일본에서도 필시 많은 사람들이 선을 이런 이미지로 이해하고 있을 것이다.[18]

이 책이 취하는 입장에서 보면, 이와 같은 '간화선'의 주장은 상당히 이해하기 쉽다. '즉심시불'이라는 선언은 다른 대승 제파가 '성불'을 한없이 먼 미래의 언젠가 어디선가 있을 이야기라고 할 때, 문제가 되는 상황을 지금 · 여기 있는 나의 몸으로 끌어오는 데에는 도움이 되었다. 그러나 우리들이 '즉심시불'이라고 하는 주제를 지식으로 이해한 다음, '그렇구나'라고 머릿속에서 '생각해' 보는 것만으로는 '현실'이며 '사실'인 '이야깃거리의 세계'에서 한 발자국도 나갈 수 없으며, 따라서 자기의 실존 모습도 변화하지 않는다. '현실'이며 '사실'인 것을 변화시키기 위해서는 똑같이 '현실'이며 '사실'인 결정적인 경험과 이를 얻기 위한 구체적인 방법이 필요한 것이다.

그렇다고 해서 '간화선'이 '올바르고' 마조나 임제의 주장은 '잘못되어' 있다고 말하는 것은 아니다. '간화선'에서는 범부의 '현실성'이 '본래성'과 어느 면에서는 괴리되어 있음을 실질적으로 인정하고 그 현상을 전환시키기 위해서 공안을 참구하기는 하지만, 결국 '견성(見性)'하기를 수행자에게 바란다. 상당히 설득력 있는 주장이기는 하지만, 동시에 어디까지나 '본래성'과 '현실성' 간의 관계를 취급하는 방법의 한 가지 변화(variation)에 지나지 않기도 하고, 다른 변화 가능성은 시대의 문맥이나 불교인들 각자의 태도에 따라서 언제나 열려 있는 그대로이다.

실제로 '간화선'의 세력이 대단했다고 해도 송대의 선이 완전히 간화선 일색이 되었던 것은 아니다. 송나라에서 유학한 일본의 도겐(道元, 1200~1253)은 대혜 종고를 심하게 비판하기도 하였고, 또한 에도(江戸) 시대 때에는 공안의 사용에 비판적이었던 반케이 요타쿠(盤珪永琢, 1622~1693)의 '불생선(不生禪)'을 일본에서 '간화선'을 대성시킨 하쿠인 에가쿠(白隱慧鶴, 1685~1768)가 거듭 비판하는 등, '본래성'과 '현실성'의 관계에 대한 이해 방법 혹은 그 사이에 있는 '견성'과 같은 명시적인 전환점을 인정할지 말지 하는 문제에 대해서는 불교인 각자에 따라서 견해의 차이가 현저하다.

이와 같은 불교인 개개인의 견해 차이에 관해서는 그 어떤 것이 '올바르'고 어떤 것이 '잘못되어 있다'고 판정하기보다도, 그들이 끌어안고 있는 시대 배경이나 개인의 자질을 검토한 다음 제각기 보여 주는 태도의 성질을 알고, 이를 자신이 불교에 마주할 때 어떤 태도를 취할지 결정하는 데 참고로 하는 것이 특히 종파적인 입장을 갖지 않은 일반인들에게 유익한 결과를 가져오지 않을까 생각한다.

___ 미얀마불교와 태국불교

마지막으로 불교인 개개인에 의한 '본래성'과 '현실성' 간의 관계를 이해하는 방법의 차이에 대해서 또 한 가지 재미있는 예를 들어보겠다. 바로 미얀마불교와 태국불교의 성질 차이이다.

미얀마와 태국은 모두 상좌부권에 속하는 나라들이고, 대부분의 국민들이 테라와다 불교도지만, 각국에서 실천하는 불교의 성질에는 역시 미묘한 차이가 있다. 그중에서도 현격한 차이라고 여겨지는 게 열반에 대한 이해 방법이다. 종합해서 말하면 미얀마의 불교도들에게 열반이란 이 책에서 설한 바와 같은 명상에 의한 무위의 영역에 대한 각지(覺知)의 문제이다. 태국의 불교도들은 열반이란 명상 때뿐만 아니라 행주좌와(行住坐臥) 전부에서 실현되는 인격의 일정한 상태를 가리킨다고 생각한다.[19]

미얀마불교는 기본적으로 성전인 원전을 준수하는 보수적인 성격을 갖고 있기 때문에, 이에 대해서는 제6장에서 자세히 설명한 바와 같은 '테라와다적인' 열반의 해석에 따라서 실천하는 것이 당연하다. 그래서 태국불교 쪽이 흥미롭다. 물론 그들도 테라와다 불교도이기 때문에 무위열반의 영역을 부정하지는 않는다. 하지만 이곳에 있는 명상지도자들의 저술이나 실천을 하고 있는 사람들의 말에 의하면, 태국의 불교도들에게 있어서 열반이란 명상에서의 특정한 상태라기보다는 오히려 일상에서 의식이 지금·여기에로의 마음챙김을 유지하며 탐, 진, 치의 번뇌가 섞여 있지 않은 상태로 인식하는 것이 일반적이다.

예를 들어서 세계적으로 저명한 태국의 명상 지도자이자 법화(法話)를 일본어로 번역하여 출판하기도 한[20] 아잔 차는 자신의 저술에서 미얀마의 명상에 관련된 책이라면 반드시 언급되는 열반의 각지(覺知)에 대한 명상 경험을 말하는 일이 거의 없다. 그가 말하는 것은 오직 마음챙김을 유지하면서 일상생활을 하고, 그렇게 하는 것으로 무상, 고, 무아라고 하는 현상의 성질을 있는 그대로 알아서 집착으로부터 벗어나라는 것뿐이다. 또 일본 사람이지만 태국 승려로서 사람들에게 명상 지도와 불교 해설 등을 하고 있는 프라유키 나라테보[21]도 열반의 각지와 같은 명상에서의 특정 경험을 수도의 목표로 말하는 일은 거의 없으며, 오직 '지금·여기에 생겨나서 계속 존재하는 것'을 기본으로 하여 지도하고 있는 것 같다. 양자 모두 기본적으로 명상에서의 특수한 경험을 목표, 또는 진행하는 것(break-through)으로 받아들이지 않는다는 공통점이 있다.

이와 같은 열반관의 차이는 승원(僧院)에서의 생활 방식에서도 나타난다. 예를 들어서 미얀마의 명상 사원에서는 수행자에게 소위 작무(作務)라고 불리는 일을 거의 시키지 않는다. 이는 '불필요한 일은 하지 말고, 오직 명상에만 집중하라'는 뜻으로, 진지하게 명상에 몰두하고 있는 곳일수록 더욱 그렇다. 반면 태국에는 명상자들에게 청소나 개인 거처(쿠티)의 수리 등의 작업을 적극적으로 시키는 사원이 많다. 명상이나 열반을 일상생활을 포함한 생의 전체에서 실천하고, 실현하는 것으로서 받아들이고 있음을 나타내는 것이라고 생각한다.

미얀마불교와 태국불교의 명상과 열반에 대한 태도 차이는 일본에서의 임제선(臨濟禪)과 조동선(曹洞禪)의 차이와도 병행해서 이해할 수 있는 부분이 있어서 상당히 흥미롭다. 양자에 이러한 차이가 생겨나는 것은 이미 언급한 바 있는 '세간제'와 '출세간제'에 대한 내실을 파악하는 방법과 그 각각을 중시하는 방법에 차이가 있기 때문일 것이다. 그러나 어느 쪽이든 불교인 각자에 의한 '본래성'과 '현실성' 간의 관계에 대한 이해 방법의 차이는 테라와다의 내부에도 존재하고 있음을 보여 준다.

___'불교로 산다'는 것

그런데 이와 같이 '본래성'과 '현실성' 간의 관계가 다양한 방법으로 파악되는 과정으로서 불교사를 조망하여 본다면, 그중 어느 것인가 특정한 입장만을 '올바른 불교'라고 하고, 그 이 외는 '잘못된 불교''라고 단정하는 일에 그다지 중요한 의미가 없는건 아닐까?

물론 고따마 붓다가 실제로 설한 가르침이나, 그가 보여 준 가치판단을 엄밀히 따르는 것만이 '올바른 불교'라는 입장을 취한다면 이 이야기는 별개다. 그 경우에는 소위 '초기경전', 그중에서도 '고층'에 속하는 원전(그와 같은 판정을 충분한 객관성과 확실성을 가지고 할 수 있는지 어떤지는 별도로 하고)에 따라 실천을 하는 사람만이 '올바른 불교도'이고, 그 이외의 실천을 하는 자는 모두 '잘못된 불교도'가 될 것이다.

그러나 만일 고따마 붓다 멸후에 그러한 '올바른 불교' 이외의 불교가 생겨나는 일이 없었다고 한다면 불교가 수천 년의 시간과 수천 킬로미터의 거리를 넘어 현대 일본인에게까지 전해지고 수용되는 일은 아마도 없었을 것이다. 고따마 붓다의 불교와 같은 시기에 개창되어 그와 많은 공통점도 가지고 있지만 '대승'을 만들어내는 일이 없었던 자이나교가 2,500년 동안 멸망하지는 않았지만 인도 문화권을 넘어 널리 퍼지는 일은 없었던 것에서도 분명하다고 생각한다.

실제로 불교가 동아시아에 전해질 때 창구 역할을 한 중국에서는 교상판석(敎相判釋)[22]이라는 시도를 통해서 고따마 붓다의 직설에 가까운 아함경전은 기본적으로 '소승'의 낮은 가르침이라고 폄하되고 오직 '대승'의 경전만이 높이 평가되어 널리 퍼지고 있었다. 그리고 오늘날 일본불교의 제 종파의 내력을 보면 알 수 있듯이 그 가치판단은 일본에서도 예전부터 수용되어 오고 있었으며 여기에 이의를 제기하게 된 것은 바로 최근의 일이다.

물론 나는 그 전통적인 가치판단이 '옳았다'고 말하고 싶은 것이 아니고, 그렇다고 '잘못되었다'고 단죄하고 싶은 것도 아니다. 다만 한 가지 거의 확실하게 말할 수 있는 것은, 고따마 붓다의 불교가 그 설법체(narrative)나 가치의 판단을 크게 변용시킨 형태로 가르침을 설할 후계자들을 길러내지 못했다면 불교는 현재와 같은 모습으로 일본에 널리 수용될 수가 없었고 현대의 우리들은 불교를 현재 인도에서 존속되고 있는 자이나교를 바라보는 것 같은 시선으로밖에 볼 수 없었을 것이라는 점이다.

앞 장에서 확인한 바와 같이 애당초 불교의 개조인 고따마 붓다는 무위의 상락경에 혼자 있기를 택하지 않고, 굳이 다양한 이야깃거리로 다시 관여하는 것을 선택한 인간이었다. 그리고 '세계종교'로서 현존하는 불교는 고따마 붓다의 가르침을 따라 피안(彼岸: 이야깃거리의 세계 외부)으로 건너가서 고따마 붓다가 만든 뗏목〔教說〕과는 별도의 뗏목을 만들어 사람들에게 제공하려 했던 각자(覺者)들에 의해 다양하고 풍요롭게 형성되었다. 다시 말하면 불멸 후의 깨달은 자들 가운데에는 고따마 붓다가 선택한 결과가 아니라 선택을 하는 깨달은 자의 본연의 태도 쪽을 계승하여 새로운 가르침을 설한 사람들이 있으며, 그들의 활동과 참여에 의해서 우리들이 알고 있는 오늘날의 '불교'라는 종교운동이 형성되었다는 말이다.

오늘날 우리들이 알고 있는 불교는 '본래성'에 자족하여 '현실성'을 잊는 경우도 있고, '현실성'에만 매몰되어 '본래성'을 알지 못하는 경우도 있다. 어느 쪽이든 고따마 붓다와 마찬가지로 과감하게 거부한 각자(覺者)들에 의해서 형성된 것이다. 그리고 불교가 압도적인 다양성을 가지게 된 결과 일본에까지 전해진 것은 다른 사람이나 같은 동포들로부터 어떠한 비판을 받더라도 '본래성'과 '현실성' 간의 관계를 이해하는 방법에 대해 시대나 지역의 문맥을 계승하는 형태로 새로이 말을 고치려고 한 깨달은 자〔覺者〕들이 항상 끊임없이 존재해 왔기 때문이다.

　나에게 있어 '불교로 산다'고 하는 것은 이러한 깨달은 자들의 뜻을 계승하는 것과 같다. '본래성'과 '현실성'의 관계에 대한 이해 방법이라고 하는 문제를, 자기가 존재하는 문맥 가운데에서 자기 자신의 문제로서 생활 방식을 바로잡고, 다시 적절한 방법으로 말을 고쳐 가는 것이다. 물론 그러한 시도를 현대인이 '불교'라고 계속 불러야 할 필요가 있는지 여부에 대해서는 또 다른 문제이기는 하지만.

마치면서

　제1장의 맨 앞부분에 『숫타니파타』(이와나미문고판)의 내용 소개문을 인용하였다. 거기에는 "후세의 불전에서 볼 수 있는 번잡한 교리는 조금도 없으며 인간으로서 올바르게 사는 길(道)을 대화 속에서 구체적으로 말하고 있다."라고 적혀 있었다.

　이 해설의 전반부는 이 책에서 살펴본 고따마 붓다의 불교의 성질에 대한 이해로서도 결코 틀리지 않았다. 그의 교설은 노동과 생식을 버리고, 현상을 관찰하여 집착의 대상에서 염리하고 이탐함으로써 갈애를 멸진하면 '적멸위락'의 경지에 이른다는 상당히 단순한 내용이었다. 그 교리의 본론에는 번잡한 부분이 조금도 없다.

하지만 제1장에서도 본 바와 같이 소개문의 후반부는 반드시 옳다고는 말할 수 없다. 『숫타니파타』 본문에서도 확인할 수 있듯이 그의 교설은 해탈이라는 목적을 완수하려는 제자들에게 '이성과는 눈길도 마주치지 않는 니트(NEET)가 되라'고 요구하기 때문에, 적어도 현대 일본인의 일반적인 가치관으로 보면 '인간으로서 올바르게 사는 길'이 될 것 같지가 않다. 즉 고따마 붓다의 교설은 그 본질로서 '비인간적'인 성질을 가졌다는 것이고, 이를 붓다 자신도 자각하고 있었음을 본문에서도 확인하였다.

그러나, 그렇다면 고따마 붓다의 불교는 '비인간적'인 가르침을 오직 단순하게 설하였다는 것이 된다. 예단(豫斷)을 배제하고 원전만 그대로 읽으면 그러한 결론에 이르지 않을 수가 없다.

그러므로 이러한 불설의 성질을 접한 사람들은 대개 두 종류의 태도를 보인다. 하나는 경전의 말씀 가운데에 우리들의 가치관에 맞는 부분만을 추려내어 잘라 붙여서 그것을 '인간으로서 올바르게 살아가는 길'이라고 말하는 것이고, 다른 하나는 '소승불교 등은 결국 그 정도의 가르침이다'라고 하며 그 이상은 생각하지 않고 경시하는 것이다.

하지만 우리들이 취할 수 있는 태도는 정말 이 두 가지뿐일까? 불교는 우여곡절을 거치면서도 어떻든 2,500년 동안 존속해 온 가르침이다. 그 출발점이고 중핵(中核)이기도 한 고따마 붓다의 교설을 '실은' 우리들에게 이로운 내용을 설한 '비유'라고 해석하거나 고대인의 미숙한 사유라고 속단하는 것은 결코 '현실적'인 태도라거나 '합리적'인 태도라고는 말할 수 없는 게 아닐까?

오늘날에도 테라와다 쪽 사람들이 그렇게 하고 있듯이, 나는 오히려 고따마 붓다의 '비인간적인' 교설을 말 그대로 이해하고 실천함으로서 어떤 가치 있는 것을 실제로 얻을 수 있다고 생각해 보는 쪽이 2,500년간 계속되어 온 가르침의 해석으로서 훨씬 적절하다고 생각한다.

그렇다면 그와 같은 '비인간적'인 실천을 행하면서까지 추구하는 가치 있는 것이란 무엇일까? 경전에서 고따마 붓다가 설하고 있는 바에 따르면 바로 해탈이고 열반이다. 그러면 그 해탈·열반은 '무엇'이며, 그것을 증득하면 '어떻게 된다'는 것인가? 이에 대해 해명하는 것이 이 책의 목적이었고, 그 목적은 지금까지의 서술로 어느 정도는 달성되었을 것이다.

고따마 붓다의 교설은 우리들의 생(生)의 '고(苦, dukkha)'를 주제로 한다고 말했다. 실제 경전에서 볼 수 있는 붓다 자신의 말에 따르면, 적어도 범부에게 있어서 살아간다는 것은 그 자체로

고(苦)임에 틀림이 없다. 그래서 순수하게 경전의 말씀만 읽은 사람들은 고따마 붓다의 불교는 염세주의이며 페시미즘이라고 단정해 왔으며, 이런 해석을 인정하고 싶지 않은 사람들은 방편이거나 비유일 뿐, 실제로는 고(苦)가 아니라고 억지 주장을 하는 경우도 있었다. 그러나 이러한 생각은 물론 고따마 붓다의 불교에 대한 해석으로서 반드시 정확한 것은 아니다.

어릴 적에 읽은 책에서 "사막이 아름다운 것은 어디엔가 우물이 숨겨져 있기 때문이에요."라고 작은 왕자님이 말하고 있었다. 이 말을 빌려 비유한다면, "고(苦)는 없는 것이 아니라 고(苦)는 있는 것이다.", "나는 고(苦)를 알고, 나는 고(苦)를 본다."라도 설한 고따마 붓다는 '사막 같은 것은 실제로는 존재하지 않는다'거나 '이 세상은 실제로는 오아시스이다'라는 얼버무림 같은 말을 하고 있었다는 의미가 아니다. 붓다는 '사막은 어디까지나 사막이다. 그러한 현상 인식으로부터 시작하라'고 최초의 설법부터 되풀이해서 설하였던 것이다.

고따마 붓다는 '이 세상은 어차피 사막이니까 얼른 죽는 것이 제일입니다'라는 식의 단순한 염세주의와 페시미즘을 말한 것도 결코 아니다. 그와 같은 해석은 단지 '현대적 니힐리즘'에 빠진 우리들이 '고따마 붓다도 모든 것은 무의미하다고 설했음에 틀림없다'고 하는 선입관으로 붓다의 교설을 판단해 버려서 나온 것에 지나지 않는다.

실제로 고따마 붓다가 설한 내용을 본다면, 붓다는 '사막이다'라고 분명하게 말씀하셨을 뿐만 아니라, 거기에 확실히 '우물'이 숨겨져 있음을 가르치고 있으며, 또 그 '우물'의 존재를 아는 자에게는 '사막'은 '사막'대로 '아름답다'고 하였다는 것도 전해져 온 원전과 그에 따른 실천에 대해 바르게 끌어내 보면 알수가 있다. 이러한 내용 어느 부분이나 불설의 본질을 담고 있기 때문에, 이 중 어느 부분이 빠진 형태로 말한다면, 어떠한 내용이든 고따마 붓다의 불교에 대한 해석으로서는 불충분하다.

너무도 당연하지만 위의 비유에서 말하는 '우물'은 물론 '불교사상의 제로포인트'인 해탈·열반을 말한다. 그로부터 반조되었을 때에 각자(覺者)의 눈(眼, buddhacakkhu)에 비친 '사막', 즉 괴로운 현상인 세상의 풍광이 깨달은 후의 고따마 붓다가 죽음이 아니라 설법을 선택하게 하였다. 그리고 그 풍광은 또한 훗날 고따마 붓다의 가르침을 실천하는 사람들이 살고 있는 지역이나 역사적 상황의 맥락에 부응하여 새로이 '불교'에 대해서 설하게 하는 원동력(原動力) 혹은 원풍경(原風景)이 되었다.

고따마 붓다의 '비인간적'이고 단순한 가르침은 이에 따라 실천함으로서 무위이고 열반인 각지(覺知)라는, '이야깃거리의 세계' 속에서는 결코 발견할 수 없는 가치 있는 경험으로 수행자들을 이끌어 주고 있다. '불교사상의 제로포인트'란 그 경험에 대해 말하며, 그로부터 유위(有爲)의 현상이 반조되었을 때의 풍광은 2,500년 동안 불교도들에게 싫증나는 일 없이 끊임없이 말하게 하는 원동력이 되었다. 이 책에서 쓰고자 한 것을 종합하면 바로 이뿐이다.

다만 아무리 간결한 주장이라도 친절하게 해설하려면 역시 그 나름대로 시간이 걸린다. 이 책의 분량이 처음에 예정했던 것보다 상당히 늘어나고 있는데도 말을 끊을 수 없었던 경우도 많이 있다. 예를 들어서 즉 '십이인연'의 설이나, '깨달음'의 단계에 관한 의론 등은 상당히 중요하기는 하지만, 다루게 되면 번잡한 해설로 이어지고 오히려 서술의 본론을 알기 어렵게 할 것 같아 이 책에서는 단념하지 않을 수 없었다. 제8장에서의 의론과 함께 이 점에 대해서는 후일 별도로 이야기할 기회가 있었으면 한다.

후기

    나는 2009년 말 미얀마로 건너가 그로부터 햇수로 5년 정도, 그곳에서 테라와다를 중심으로 한 불교의 실천과 학문을 함께 닦았다. 그 이전에는 일본에 있는 대학에서 서양철학, 대학원에서 불교학을 전공하고 있었지만. 그러한 학문적 훈련을 거친 다음 미얀마에 와서 놀랐던 것은 그 지역에서 이해하고 있는 '고따마 붓다의 불교'는 문헌의 기술만을 소재로 하고 대학에서 가르치고 있는 그 이해와는 큰 간격이 있다는 점이었다. 미얀마의 불교는 실천과 원전을 균형 있게 맞추려는 경향이 특히 강한데, 그러한 사상적 풍토에서 경전 속 기술 하나하나에 실천이 뒷받

침되는 해석이 이루어지고 있음을 실제로 볼 수 있었던 건 대단히 신선하고 자극적인 일이었다.

그리고 현대 세계불교를 둘러 싼 장면 중에서 또 한 가지 흥미로운 점은 그러한 미얀마나 태국이라는 불교국에서의 실천과 학문, 거기에 근대 불교학의 성과가 가해지면서 굉장히 수준 높은 불교 관련 책을 집필하는 서양인들이 많이 나오고 있다는 것이다. 특히 최근의 미국인 저자를 중심으로 영문으로 쓰인 불교 서적의 충실함은 놀라울 정도다. 이러한 미국 불교계의 현상에 대해서는 케네스 타나카의 저서인『아메리카 불교 ─ 불교도 변하고, 아메리카도 변한다』(무사시노대학교출판부, 2010)와 후지타 잇쇼(藤田一照), 야마시타 료우도(山下良道)의 저서『업데이트 하는 불교(アップデ─トする仏教)』(겐토샤신서, 2013) 등에 상술되어 있는데, 활동 상황을 보면 현대의 불교 프론티어는 본래의 불교권인 아시아가 아니라 이미 미국으로 옮겨진 것은 아닐까 느껴질 정도이다.

하지만 일본의 경우에는 연구자의 불교 이해와 실천자의 불교 이해가 크게 괴리되어 있어 양자를 통합하여 다루면서 일치된 이해를 제시하려는 시도가 아직까지는 매우 적다. 많은 연구자들이 실천자의 불교 이해를 '독선적'이라고 생각하고, 또 많은 실천자는 연구자의 불교 이해를 '머리만 큰 짱구'라고 여긴다. 하지만 나의 견해는 그와 같은 대립에는 의미를 두지 않는다. 불교란 원래 실천과 학문을 함께 닦음으로써 비로소 올바르게 이해할 수 있는 체계이고, 해석을 할 때 어느 한쪽을 임의로 잘라버리는 것도 마찬가지로 '자신에게 있어서의 올바른 인지'로부터 한발도 물러서지 않으려 한다는 점에서 발전적이지 못한 태도이기 때문이다.

행학(行學)의 지견(知見)을 통합해 가면서 기록한 영문의 질 높은 불교서를 대강 읽으면서 나는 이러한 스타일의 불교 책이 하루빨리 일본어로도 쓰여야 한다고 계속 생각하고 있었다. 이 생각은 물론 이 책의 집필 동기 중 하나이기도 하다. 문헌만을 자원(소스)으로 하여 의론을 하는 것이 아닌 이상 이 책은 소위 학술서나 연구서에는 해당되지 않는다. 하지만 그런 스타일을 취한 건 행학(行學)의 지견을 통합적으로 다룸에 있어서 이해의 정확성을 추구한 결과이다. 독자들이 이 책을 학술서나 연구서와는 다르게 불교의 실제에 접근해 가려고 한 저작으로서 봐 준다면 다행이겠다.

돌이켜 보면 대학원 때부터 헤아려 10년 이상을 불교와 관련되어 있었다고 할 수 있지만, 나의 본가가 사찰인 것도 아니고,

'불교도'라고 자각하고 있는 것도 아니다. 일본 사람들은 "그만큼 열심히 행학을 닦고 있다면 당신은 불교도겠죠?"라며 당연하다는 듯이 말하는 경우가 종종 있어서 그렇지 않다고 부정하면 놀라는 경우가 많다. 하지만 미얀마의 명상센터에서 진지하게 명상을 하고 있는 서양인에게 "당신은 불교도입니까?" 같은 질문을 해 보면 "그런 건 아무래도 상관없다(I don't care)."라고 말한다.

그들로서는 스스로에게 깊이 물어 보고 자기의 인생 지침을 정하기 위해서 불교라는 사상과 실천의 체계에 관여하고 있을 뿐, 그 행위에 '불교도'라는 표시를 붙여서 불필요하게 한정(限定)을 설정할 필요를 느끼지 않기 때문이다. 이러한 태도는 일본인들로부터 종종 '불성실'하다는 평가를 받기 쉽지만, 나는 스스로 가치 판단하여 지속적으로 책임을 지는 매우 진지한 자세라고 생각한다. 적어도 그러한 사람들의 집단이라면 '존사(尊師)'가 말하는 것이라면 무엇이든 따르며 범죄에까지 손을 댄다는 건 생각하기 어려울 것이다.

내가 불교에 관여하는 방법도 기본적으로는 이와 같다. 빨리어 원전을 읽고 해석을 하는 것도, 위빠사나 명상을 실천하는 것도 어릴 적부터 계속 느껴 왔던 '이것은 무엇이지?'라는 세계와 자신에 대한 의문에 답하기 위한 행위일 뿐 그 이상도, 그 이하도 아니다. '불교도'이기 때문이 아니라 불교가 나의 생(生)에 필요한 것을 제공해 주기 때문에 불교와 진지하게 관계할 뿐이다. 일생 동안 서양철학을 배운 사람이 '서양철학교도'가 아닌 것과 같다.

그러면 '불교도'도 아닌 내가 그래도 오랫동안 불교와 계속 관계를 가질 수 있는 동기가 되었던 건 무엇일까? 이제 마지막이므로 감히 유치한 발언을 허용해 준다면, 불교를 배우고 실천하는 그 자체가 주는 '즐거움'이고 '재미' 때문이었다. 우리들에게 사정 좋게 들리는 부분을 표층적으로 받아들임으로서 얻어지는 종류의 것이 아니라, 진지하게 원전을 읽고 진심으로 실천하여 얻어지는 종류의 '즐거움'이고 '재미'였다.

불교를 '전통종교'로서의 '문화적 가치'로 윤색하고 취미인(趣味人)을 위해 박물관이나 도서관에 정중하게 장식해 두지 않아도, 우리들에게 고따마 붓다가 설한 그대로를 소박하게 제시하면 배우는 것이 충분히 재미있고 실천하는 것도 즐거울 것이다. 그러한 확신에 이끌려 우선 이론적인 면에서의 불교에 대해 직설적이지만 조리 있게 생각하는 즐거움이나 재미를 독자들에게 전하기 위해서 쓴 것이 이 책이다. 그 의도가 어느 정도라도 실현되었다고 독자들이 느낄 수 있었다면 나로서는 그 이상 가는 행복은 없을 것이다.

　이 책의 출판에 있어서, 신쵸샤(新潮社)의 기쿠지 료우(菊池亮) 씨는 주선을 맡아 수고해 주셨으며, 미나베쵸 쿠타이(三邊直太) 씨 이하 편집자에게서 커다란 도움을 받았다. 감사드린다. 그리고 저 하고 싶은 대로 살고 있는 아들을 음으로 양으로 끊임없이 지원해 주신 어머니에게도 감사의 말을 전하고 싶다. 감사합니다. 무엇보다도 이 책을 손에 들어 주신 독자 여러분들께 깊은 감사를 드린다. 또 어디에선가 뵐 수 있는 기회가 있으면 좋겠습니다.

2015년 3월 양곤에서

우오가와 유지(魚川祐司)

미주

1장

1 MN I p.168.

2 나카무라 하지메 역, 『붓다의 말씀 숫타니파타(ブッタのことば　スッタ二パータ)』, 이와나미문고, 1984년. 필자의 손에 있는 것은 1998년 간행된 제33쇄본이다.

3 위의 책, p.23ff.

4 Vin III p.239ff.

5 대정대장경 48권, p.1119b.

6 나카무라 하지메 역, 앞의 책, p.185ff.

7 "kimevidaṃ muttakarīsapuṇṇaṃ, pādāpi naṃ samphusituṃ na icche".

8 DhpA I p.210ff.

9 나카무라 하지메 역, 앞의 책, p.388.

10 이 점에 관해서는 뒤의 장(章)에서 보다 상세히 볼 수 있다.

11 AN IV p.54ff.

12 스리랑카, 미얀마, 태국, 캄보디아, 라오스를 중심으로 현존하는, 소위 '남전불교(南傳佛敎)', '테라와다(Theravāda)'가 그들이 자칭하는 종파의 이름이다. 그들은 빨리어로 기록된 불교성전의 세트(三藏)를 완비하여 현대에 전하고 있다. 자기들의 인식으로서는 고따마 붓다의 교설을 그대로 보수(保守), 전지(傳持)하여 실천하고 있는 종파라고 한다. 테라와다는 한역하여 상좌부(上座部)라 부르기도 한다. 본서에서는 적절하게 양쪽의 호칭을 사용한다.

13 "saṃyutto methunena saṃyogena".

14 "aparisuddhaṃ brahmacariyaṃ carati". 범행(梵行;brahmacariya)이란 수행자가 보내는 깨끗하고 금욕(禁慾)을 지키는 생활을 말한다.

15 "akuppā me vimutti, ayamantimā jāti, natthi dāni punabbhavo".

16 Vin I p.5, SN I p.138.

17 MN I pp.167-168, Vin I pp.4-5, SN I p.136.

18 경전에서 고따마 붓다의 설법 대상이 반드시 인간에 한정되지는 않는다. 예컨대 신(神, 天, deva)이나 범천(梵天, brahmā)이라고 하는 인간 이외의 중생에 대해서도 그는 가르침을 설하고 있다. 하지만 본서에서는 우리 인간에게 있어서의 불교의 의의를 주된 문제로 하기 때문에 이하의 서술에서는 하나하나의 사정을 주기(注記)하지 않고 고따마 붓다의 가르침의 대상을 기본적으로는 인간으로 대표시킨다.

19 DN III p.180ff.

20 cf. Sn 805.

21 Vin I pp.82-83.

22 Vin p.12.

23 Vin p.17.

24 ibid.

25 이 사태의 내부 사정은 제5장에서 보다 상세하게 말하였다.

26 cf. Sn 715.

27 "so bhikkhu jahāti orapāraṃ". Sn 1-17.

2장

1 Vin I p.40.

2 예를 들면 Sn IV p.251, SN IV p.359 등.

3 다만 이것은 교리적인 관점에서의 설명이고 본래적, 원초적으로는 '루(漏)'라는 것이나 '번뇌'라는 것도 기본적으로 같은 의미이다.

4 불교의 문맥에서는 당연한 것이지만, 여기에서 '행위(kamma, action)'란 신체적인 행위만을 가리키는 것이 아니라 '신구의(身口意)', 즉 신체적, 언어적, 정신적(bodily, verval, mental)인 그 모든 것을 포함하고 있다.

5 예를 들면 베트남 출신의 선승인 틱낫한 등. 마인드풀니스라는 말이 유럽이나 아메리카의 불교계에서 보통으로 쓰이게 된 것은 그의 영향이 매우 크다.

6 물론 팔정도(八正道)의 하나로 sammā-sati(正念)가 포함되어 있음에서도 알 수 있듯이, 이는 고따마 붓다 이래의 불교의 기본적인 실천이다 (cf. Sn 1035). 최근의 (일본이나 구미의) 실천자들은 그것을 '생각해 냈음'에 불과하다.

7   Vin I p.39ff.

8   소위 '제행무상게(諸行無常偈)'의 한 구. DN II p.157, SN I p.342 등.

9   "saṅkhārā are in the widest sense the "world of phenomena" (…) all things which have been made up by pre-existing causes."(PED p.665).

10   "virajaṃ vītamalaṃ dhammacakkhuṃ udapādi yaṃ kiñci samudayadhammaṃ sabbaṃ taṃ nirodha-dhamman ti". Vin I p.40 등.

11   MN I pp.190-191.

12   "imasmiṃ sati idaṃ hoti, imassuppādā idaṃ uppajjati, imasmiṃ asati idaṃ na hoti, imassa nirodhā idaṃ nirujjhati". SN II p.28 등 경전의 여러 곳에서 볼 수 있다.

13   한역자 의정(義淨)은 법신게(法身偈)의 제3구를, "저 법의 인연 다 하고(彼 法因緣盡)"라고 번역하였다. 대정대장경 23권, p.1027b.

14   법신게에서 설하는 방식은, 율장(律藏)『대품』서두에 설하고 있는 붓 다 성도 후의 초야(初夜)·중야(中夜)의 게송에서, 먼저 '유인(有因)의 법 (sahetudhammaṃ)'의 요지(了知;諒知)를 설하고, 이어서 '제연(諸緣)의 괴멸 (khayaṃ paccayānaṃ)'의 확인을 설하는 흐름과 평행선을 이룬다.

15   cf. AN II p.47ff, AN IV p.428ff. 이 점에 대해서는 제5장에서 다시 상세 하게 다룬다.

16   Dhp 278. 이 구절은 전통적으로 '일체개고(一切皆苦)'라고 번역되고 있지 만 종종 지적되고 있듯이 sabbe saṅkhārā가 주어인 이상, 본래는 '일체행고 (一切行苦)'라고 번역하는 것이 옳다.

17   Dhp 277-279.

18   불교에서는 인간[衆生]을 '색(色;물질·신체), 수(受;감각·감수), 상(想; 표상 작용), 행(行;의지·욕구), 식(識;인식·판단)'이라는 다섯 가지 요소 로 분석하여 말하고, 그 다섯 가지를 종합하여 '오온(五蘊)'이라고 부르고 있다.

19   SN III p.22.

20   ibid.

21   예컨대 SN III p.66, Vin I p.13.

22   "n'etaṃ mama, n'eso'ham asmi, na meso attā".

23   칸트가 내린 '경향성(傾向性, Neigung)'의 정의는, '욕구 능력이 감각에 의 존하고 있는 것'이다. 칸트, 「도덕형이상학원론(人倫の形而上學の基礎づ け)」, 아카데미판 전집 제4권, p.413.

24   cf. 칸트, 『실천이성비판』, 아카데미판 전집 제5권, p.33. 또, 같은 책『순 수이성비판』A533f/B561f도 참조할 것. 이 점에 관해서는 칸트의 이후 의

론과 모순된다고 지적받는 경우가 있지만, 그에 대해서는 우선 여기에서는 생략한다.

25 이와 관련하여, 『순수이성비판』 A341/B399 이하에서 말하는 '순수이성의 오류추리(誤謬推理)'에 관한 의론은 불교의 '무아(無我)'론과의 관계에서 생각해 보면 매우 흥미롭지만 본서에서는 언급할 여유가 없다.

26 물론, 칸트 철학에 의거하여 보면, 우리들 인간에게는 '이성(理性)의 사실'인 도덕법에 따름으로서, 실천적으로는 자유를 행사할 수 있는 여지가 있다. 한편, 불교의 경우에는 고따마 붓다의 설(說)의 구조상 자유에 대해서 명확하게 설명하기란 원리적으로 거의 불가능하다. 이 점에 대해서는 제4장에서 다시 논한다.

27 MN III p.203.

28 Vin I p.10. SN V pp.421-422에도 거의 같은 글이 있다.

29 생(生) · 노(老) · 병(病) · 사(死) · 원증회고(怨憎會苦) · 애별리고(愛別離苦) · 구부득고(求不得苦) · 오취온고(五取蘊苦, 오음성고(五陰盛苦))

30 "saṃkhittena, pañc'upādānakkhandhāpi dukkhā".

31 SN V p.436.

3장

1 Dhp 183.

2 재가자에게는 식(食)과 주(住)가, 출가자에게는 그에 더하여 필요하다면 의복도 제공된다.

3 사마타(samatha)는 집중 명상이고, 위빠사나(vipassanā)는 관찰(觀察) 명상이다.

4 네 가지 수호(守護:caturārakkha) 명상의 하나. 자기 자신부터 시작하여 일체중생에게로 자애(慈愛)의 염(念;lovingkindness)이 이르게 해 가는 관상법(觀想法). 분노를 완화시키고 인격을 친절하고 유연하게 하여 내외의 위험으로부터 명상자를 지키는 결과를 초래한다고 한다.

5 이 점에 관해서는 제5장에서 다시 상세히 설명한다.

6 Dhp 39. 또한 Sn 520, 715도 참조.

7 사사키 시즈카(佐々木閑)는 옴진리교의 문제점 중 하나가 율(律)이 결여되어 있는 것이었다고 지적하고 있다. 사사키 시즈카, 『율로 배우는 삶의 지혜(律に学ぶ生き方の智慧)』, 신쵸선서, 2011년, p.15.

8 이와 관련하여, 해탈의 달성과 인격적인 완성은 이와 같이 다르기 때문에, 무루의 지혜에 더하여 인격적인 감화력 · 지도력을 겸비한 고따마 붓

다가 단순한 아라한과는 다른 존재로서 후대에 거의 신격화되기에 이른
것은 적어도 실천자로서의 관점에서 보면 그리 부사의한 일은 아니다.

9 예컨대, MN I p.47.

10 예컨대, 붓다고사는 '죄과(罪過) 없고, 즐거움의 결과를 초래하는 성질을
갖는 것'이 선(善;kusala)이고, '죄과(罪過) 있고, 고(苦)의 결과를 초래하는
성질을 갖는 것'이 악(惡;akusala)이라고 한다. Aṭṭhasālinī p6.

11 Dhp 203, 204.

12 사사키 시즈카, 앞의 책, p.56ff.

13 율(律)의 이러한 측면에 대해서, 보다 자세하게는 사사키 시즈카의 앞의
책과 『출가란 무엇인가(出家とはなにか)』(오쿠라출판사, 1999년, 한국어판
『출가, 세속의 번뇌를 놓다』)를 참조할 것.

14 스즈키 다이세츠(Suzuki, Daisetz T.) 『선과 일본문화(Zen and Japanese
Culture)』, 프린스턴대학교 프레스, 1970년, p.63.

15 Engaged Buddhism, 사회에 참가하는 불교라는 뜻. 베트남 출신의 선승인
틱낫한이 제창하여 인구에 회자된 말이다.

4장

1 Dhp 153-154.

2 "attā hi attano nātho". Dhp 160.

3 "attadīpā viharatha attasaraṇā anaññasaraṇā, dhammadīpā dhammasaraṇā
anaññasaraṇā". DN II p.100. 일반적으로는 '자등명 법등명(自燈明 法燈明)'
이라는 표현으로 알려져 있다.

4 cf. 슈 헤밀턴(Hamilton, Sue), 『초기불교(Early Buddhism : A New
Approach)』, 크루손 프레스, 2000년, p.22f.

5 이 '경험아(経験我)'의 내부 사정에 대해서는 후술한다.

6 MN I p.8.

7 항목 수를 늘려서 십사무기(十四無記)로 하는 경우도 있지만, 내용은 변함
이 없다.

8 독화살[毒矢]에 맞은 사람이 "쏜 사람[射手]의 카스트(caste;인도의 세습적
계급제도)를 자세히 알기 전에는 이 화살을 뽑지 않겠다." 등의 말을 하고
있다면, 그 답을 알기 전에 죽고 말 것이라는 비유의 이야기. 불필요한 형
이상학적 문제에 정신을 쓰고 있으면, 괴로움[苦]으로부터의 해방이라는
매우 중요한 목적을 달성하기 전에 죽게 되고 말 것이라는 교훈이다.

9 MN I p.431.

10 이 십무기(十無記)에서 말하는 '여래(如来, tathāgata)'를 붓다고사의 주석을 근거로 하여 '중생(衆生)·인간(人間)'이라고 이해하는 해석도 있지만, 그 오류에 대해서는 모리 쇼지(森章司)가 논증하였다. 모리 쇼지, 「사후와 윤회는 있는가 – 무기, 십이연기, 무아의 재고찰(死後·輪廻はあるか一 無記, 十二緣起, 無我の再考—)」, 『동양학논총』 제30호, 2005년. http://www. sakya-muni.jp/fieldwork/3-1212에서 다운로드할 수 있다.

11 SN IV p.400f.

12 "kiṃ nu kho, bho gotama, atthattā".

13 "kiṃ pana, bho gotama, natthattā".

14 "ahuvā me nūna pubbe attā, so etarahi natthi".

15 카츠라 쇼류(桂紹隆) 「인도불교사상사에서의 대승불교-무와 유의 대론(インド佛教思想史における大乘佛教一無と有との對論)」, 『대승불교란 무엇인가(大乘佛教とはなにか)』(시리즈 대승불교 1), 슌쥬사, 2011년. 같은 논문에서 카츠라 교수는 용수(龍樹)와 세친(世親)이라는 대승불교를 대표하는 논사(論師)들도 '무기설(無記說)'을 채용하고 있었다고 말하고 있어 흥미롭다.

16 천안통(天眼通)이나 타심통(他心通)이라고 하는 신통력은 교리로서 인정되고 있지만, 그래도 본인의 인지와 타자의 인지가 혼동되어 구별할 수 없게 되는 것은 아니다.

17 인도사상의 문맥에서는 안, 이, 비, 설, 신(眼, 耳, 鼻, 舌, 身)만이 아니라 의(意)도 감관(感官)의 하나이다.

18 이와 관련하여 후대의 유식 교학에서 '인인유식(人人唯識)'이라고 하는, 한 사람 한 사람 각기 다른 팔식(八識)의 세트를 '무아'라고 말할 수 있는 것도 그것들이 항상 전변(轉變)하고 있고, 상일주재의 고정적인 실체를 내포하고 있지 않기 때문이다.

19 키무라 타이겐(木村泰賢), 『키무라 타이겐 전집 제3권』, 다이호린카쿠, 1968년. p.169. 다만, 키무라 교수는 윤회 전생의 과정을 통하여 유동·변화 하면서 계속되는 생명의 당체(當體)를 "살려고 하는 근본의지, 즉 무명(無明)"(같은 책, p.159)이라고 하지만, 필자는 그 설에 찬성하지 않는다.

20 위의 책, p.170.

21 도식에는 쓰여 있지 않지만, A도 그 이전의 업의 잠세력을 받아 생기(生起)하고 있는 것은 당연하다. 불교에서는 일반적으로 윤회의 과정은 '무시무종(無始無終)'이라고 하여, 거기에는 시발점[始點]이 없고, 해탈하지 못하는 한 종점(終點)도 없다고 한다.

22 키무라 타이겐, 앞의 책, p.171.

23 SN II p.75f.

24 이 '인지의 통합'을 '개체성'이라고 말해도 좋다고 앞서 말했지만, 이것은 물론 괄호 속 표현이다. 그것이 진정한 의미로 개별적인 것인지, 즉 다른 것으로부터 완전히 독립된 세트이고, 결코 혼합되지 않았는지는 '회향(廻向)'의 개념 등을 고려했을 경우 미묘한 부분이 있다고 생각한다. 다만, 본 서에서는 그 문제에 대해서는 다룰 수가 없다.

25 키무라 타이겐도 똑같은 것을 지적하고 있다. 키무라 타이겐, 앞의 책, p.444.

26 이 절에서 인용한 키무라 타이겐의 윤회에 대한 이해는 와츠지 데츠로(和辻哲郎)에 의해 비판받은 바 있다(『와츠지 데츠로 전집 제5권』 이와나미 서점, 1962년, p.274ff). 그리고 이 비판에 대해서는 마츠오 노부아키(松尾宣昭)에 의해서 검토와 반비판(反批判)이 되고 있는데('윤회전생' 고찰- 와츠지 데츠로의 윤회 비판('輪廻轉生'考(一) - 和辻哲郎の輪廻批判」, 『류코쿠대학논집』 제469호, 2007년), 거기에서 마츠오 노부아키는 와츠지의 비판을 "오해에 기인한 것으로 밖에 말할 수가 없다."고 평하여, 자세하게 논박하고 있다. 필자도 마츠오와 같은 의견이다. 같은 논문에서 마츠오가 오독(誤讀)을 지적하는 『다제경(嗏帝經)』의 해석도 그렇지만, 불교의 윤회에 관한 와츠지의 소론(所論)은 아마도 원전을 보기 전 선입견이 지나치게 강한 탓에 견해 이전에 독해력의 수준에서 문제되는 부분이 많고, 솔직히 말하면, 정면으로 문제를 삼아 논할 만한 것이 되지 못한다고 생각한다. 마츠오 노부아키의 논문은 http://repo.lib.ryukoku.ac.jp/jspui/handle/10519/2797에서 다운로드가 가능하므로 이 문제에 관심이 있는 독자는 반드시 스스로 확인해 주시기를 바란다.

27 "Mahātaṇhāsaṅkhayasutta". MN I p.256ff. 이 경전의 한역본이 위의 주에서 언급한 『다제경』(대정대장경 1권, p.766b-770a)이다.

28 MN I p.258.

29 MN III p.203.

30 우 조티카, 『자유로의 여행(自由への旅)』, p.239. 이 『자유로의 여행』(원제 "A Map of the Journey")은 우 조티카가 쓴 위빠사나 명상의 이론서이자 해설서로, 그 번역은 필자가 http://myanmarbuddhism.info/2013/01/10/22에 공개하였다. 이곳에서의 인용 표시는 그 PDF판의 면수에 따랐다.

31 예컨대, Sn 354-5, 517, 742-743, 1120-1123 등.

32 "akuppā me vimutti, ayamantimā jāti, natthi dāni punabbhavo". MN I p.167.

33 예컨대, SN II p.171, SN IV p.8, SN V p.204 등.

<u>34</u> 보다 정확하게 말하면 제2장에서 확인하였듯이 '요컨대, 오취온(五取蘊) 은 고(苦)이다(saṃkhittena, pañc'upādāna-kkhandhāpi dukkhā)'라고 하는 이 상, 고따마 붓다의 입장에서 보면, 적어도 범부에게 있어서는 '사는 것 그 자체가 고(苦)'이다. 그래서 슈 헤밀턴은 "고(苦, dukkha)란 경험(經驗, experience)의 것이다."라고, 매우 깊이 들어간 해석도 하고 있다. cf. 슈 헤밀턴, 앞의 책, p.68.

<u>35</u> 이 점에 대해서 키무라 타이겐은 "이 윤회의 예상은 극히 중대한 의의를 갖는 것으로, 생사해탈의 요구도 윤회관을 예상하여 비로소 그 절실함이 이해된다고 생각한다. 이것을 구실로 말해도 만일 생로병사가 단지 이 한 생[一生]만의 문제라고 한다면, 죽음[死]이 모든 문제를 해결하므로 모든 것을 버리고까지 생사의 고뇌에서 벗어나려고 할 필요가 없기 때문 이다."라고 말하고 있다. 키무라 타이겐, 앞의 책, p.430.

<u>36</u> 위의 책, p.431.

<u>37</u> 필자는 이런 종류의 주장을 간략히 '그럴 것이다 논(論)'이라 부르고 있 다.

<u>38</u> MN I p.8.

<u>39</u> MN I p.264f.

<u>40</u> DN I p.53ff.

<u>41</u> "Cetanāhaṃ bhikkhave, kammaṃ vadāmi; cetayitvā kammaṃ karoti kāyena vācāya manasā". AN III p.415.

<u>42</u> 자유와 필연의 문제에 관한 고따마 붓다의 이러한 태도는 칸트 철학에서 의 '초월론적 자유'에 대한 취급과 (같은 것은 아니지만) 같은 수준으로 이해할 수 있는 점이 있다. 슈 헤밀턴은 빨리어 경전을 통해 알 수 있는 불교를 해석하기 위한 보다 적절한 모델(a more appropriate model)로서, 칸트의 사상적 입장인 초월론적 관념론(超越論的觀念論, transcendental idealism)을 (엄밀하게 말해서 서양철학 사상의 그것과 일치하는 것은 물론 아니라고 주의하면서) 들고 있으며(슈 헤밀턴, 앞의 책, p.188), 필자 도 그녀의 의견에는 동의한다. 이 점에 대해서는 본서에서는 자세하게 취급할 수가 없기 때문에 다른 기회를 갖기를 바란다. 하지만 그 유사성 (類似性)의 일단(一端)에 대해서는, 세계(loka, 세간)의 성질을 다룰 다음 장의 의론에서 칸트의 사상에 익숙한 사람들은 적잖이 느낄 것이라고 생 각한다.

5장

1 SN I p.144f, AN II p.48.

2 SN IV p.395f.

3 또한, 본장의 의론은 전체적으로 이미 몇 번인가 언급한 슈 헤밀턴의 『초기불교(Early Buddism A New Approach)』, 특히 그 제4장과 제5장에서 크게 계발된 것이다.

4 AN IV p.430. (…)으로 표시된 부분은 같은 내용의 반복이다.

5 인용부의 바로 뒤에서는 오감(과 그것에의 욕망)으로부터 떨어진 선정의 경지라도 '세계로 연결되는(loka-pariyāpanna)' 것이라고 말하고 있다. 오감의 대상이 존재하지 않는, 소위 '무색계'의 선정에서도 아직 '세계'에 속해 있다고 하기 때문에, 의(意)만의 미세한 존재욕(存在欲;有愛)도 '세계'를 구성한다고 생각해 두는 쪽이 이 경 전체의 문맥에서는 적절하다고 생각한다.

6 loka의 뜻에 대해서는, 다른 곳(SN IV p.39f, p.52 등)에도 기술이 있다. 여기에서 『세상의 이치에 능통한 자 경(로까야띠까경)』을 인용한 것은, 이 경이 『로히땃사경』과 똑같은 방법으로 '세계의 끝장과 고(苦)의 끝'에 대해 설하고 있기 때문이다.

7 SN IV p.15.

8 물론, 이 입장을 '관념론적'이라고 할 수 있는 것은, 초월론적인 시점을 가상하였을 경우이다. 실제의 경험에서는, 그 육근육경이 초래하는 인지가 '있는 그대로[如實]'인 것이다.

9 이에 대한 테라와다의 방법은, 예컨대 미즈노 코겐(水野弘元) 감수, 우 웨풀라(ウ・ウェープッラ)・토다 타다시(戸田忠) 역주, 『아비담맛타 상가하(アビダンマッタサンガハ 南方佛教哲學教義概説)』(아비담맛타상가하간행회, 1992년, 2차 개정판), p.224ff에 상세히 해설되어 있다.

10 '중생의 인지의 내용' 혹은 일체법의 이해 방법에 의해서 각각의 분류 대상에 미묘한 어긋남이 생기는 경우는 있다. 다만, 당장의 이해로서는 본문처럼 생각해도 상관없다.

11 SN IV p.391ff.

12 "etaṃ mama, eso'ham asmi, eso me attā".

13 삼계(三界;欲界・色界・無色界)의 최상계(最上界)에서 선정에 의해 도달할 수 있는 최상의 경지. '존재(有)의 정상(頂)'이라는 의미로 '유정천(有頂天)'이라고도 불린다.

14 AN IV p.431f.

15 SN IV p.60ff.

16 SN IV p.38ff.

17 SN IV p.15f.

18 SN IV p.141.

19 cf. DN II p.68 및 슈 헤밀턴, 앞의 책, p.122.

20 AN II p.161ff.

21 PED p.412.

22 PED p.413.

23 슈 헤밀턴은 이 부분을 "making manifold what is not really manifold."라
    고 번역하고 있다. 슈 헤밀턴, 앞의 책, p.132.

24 이러한 '여실(如實)'의 풍광(風光)에 대한 명상 실천자의 (가정의) 묘사
    는, 이미 소개한 우 조디카 『자유로의 여행』에 상세하게 나타나 있으므로
    그 부분을 참조하기 바란다.

25 cf. 슈 헤밀턴, 앞의 책, p.183f.

26 cf. SN II p.27.

27 SN III P.66ff, Vin I p.13f에도 같은 내용의 교설(敎說)이 수록되어 있는
    데, 여기에서는 이 설법이 초전법륜 후에 똑같이 다섯 비구에게 설한 것
    이라고 하고 있다.

28 예컨대, SN IV p.20.

29 Sn 1035.

30 "Kittāvatā nu kho bhante sandiṭṭhiko dhammo ti, akāliko ehipassiko
    opanayiko paccattaṃ veditabbaṃ viññūhīti".

31 SN IV p.41ff.

32 DN II p.290ff, MN I p.55ff.

33 이 실천에 대해서 보다 상세한 것은 우 조티카의 앞의 책을 참조할 것.

34 cf. Dhp 277-279.

35 SN IV p.108. 취의(趣意;취지)의 인용이다.

36 위빠사나는 사념처(四念處)를 대상으로 한 관찰(觀察)을 『염처경(念處
    經)』 등에 나타난 방법론에 따라서 행하는 명상이기 때문에 알아차림의
    실천 그 자체이다.

6장

1 DN II p.157, SN I p.342 등.

2 미얀마 등 상좌부권의 나라들에서도 스스로 해탈자(解脫者;阿羅漢)라고
   선언하는 승려는 많지 않다. 다만 '열반은 증득 가능하고 해탈자는 존재
   한다'는 신념이 강하게 뿌리내려져 있기 때문에 신도들이 아라한이라고

여기는 승려는 많이 있다.

3 「열반이란 하나의 경험입니다」, 우 조티카, 앞의 책, p.213.

4 대정대장경 48권, p.376b.

5 Sn 1035.

6 MN I p.163ff, MN I p.240ff.

7 예컨대, MN I p.21ff, p.247ff 등.

8 ibid.

9 SN III p.13ff.

10 MN I p.167.

11 Thag 1039–1045.

12 카지야마 유이치(梶山雄一) 역, 『대승불전 2 팔천송반야경 I(大乘佛典 2 八千頌般若經 I)』, 츄코우문고, 2001년, p.8.

13 '결집(結集, saṅgīti)'이란, 고따마 붓다 사후(死後) 비구들이 모여 불설(佛說)을 송출하고, 서로의 기억을 확인하면서 성전을 편찬한 회의를 말한다. 불멸 후 바로 이루어진 최초의 결집이 '제일결집(第一結集)'이다.

14 Vin II p.286.

15 아직 완전한 해탈에 이르지 못하고, 배울 것이 남아 있는 불제자를 말함.

16 Thīg 77–81.

17 Thīg 78.

18 '이성(理性)'에 의한 교리의 이해나 '의지(意志)'에 의한 노력이 필요치 않다고 말하는 것이 아니다. 번뇌나 '이야깃거리(物語)의 세계'로부터 손을 놓기 위한, 말하자면 '도움닫기[助走]'로서 당연히 필요하다. 다만 그것 자체가 '깨달음'은 아니라는 말이다. 위념(爲念).

19 Pṭs I p.15.

20 Pṭs II p.238.

21 cf. 파욱 사야도(Pa–Auk Tawya Sayadaw), 『아는 것과 보는 것(Knowing and Seeig)』(한국어판 『열반에 이르는 길』), p.222. 본서는 서적판도 존재하지만 시중에서 구입하기가 좀 번잡하기 때문에 http://www.paaukforestmonastery.org/books/knowing_and_seeing_ rev_ed.pdf에서 무료 배포하고 있는 PDF판을 이용하면 좋다. 여기서의 참조 표시는 그 PDF판의 면수에 따랐다.

22 cf. Vsm I p.5.

23 이 점에 대해서는 앞에 소개한 『아비담맛타 상가하(アビダンマッタサンガハ 南方佛教哲學教義概說)』, p.290ff 및 우 조티카의 책을 참조할 것.

24 cf. 『중론(中論)』「관열반품(觀涅槃品)」, 대정대장경 30권, p.34cff.

25 "열반은 세간과 약간의 분별도 있지 않다. 세간은 열반과 약간의 분별도 없다."(대정대장경 30권 p.36a).

26 Udn p.80f.

27 Udn p.80.

28 Pṭs I p.12.

29 "sabbe saṅkhārā dukkhā", Dhp 278.

30 다만 앞서 인용한 『우다나』의 원전에는 그 영역에 '의소(依所)'가 없고 (appatiṭṭha)', 또 '대상(對象)'이 없다(anārammaṇa)'라고도 기록되어 있으므로(Udn p.80), 마음이 열반이라고 하는 '대상'을 인식하는 것으로 번뇌의 사단(捨斷)이 일어난다고 하는 테라와다의 해석에는 의론의 여지가 있다고 생각한다. 혹은 일부의 명상 지도자들이 시사하듯이, 그 경험을 일종의 cessation(停止)로 이해하는 쪽이 적절할지도 모른다. 그렇다고는 해도 이 점에 관해서는 어떻게 '이론화'하더라도 완전히 '올바른' 해석은 될 수가 없기 때문에 개인적으로는 너무 구애받지 않는 쪽이 좋다고 생각하고 있다.

31 SN I p.138, MN I p.169, Vin I. p.7.

32 슈 헤밀턴은 고따마 붓다의 지혜(insight)에 대해 "깨달음을 경험할 때에 얻은 지혜는, 그에게도 이미 자신이 윤회전생의 지배하에 있지 않다고 하는 확신을 주었다고 붓다 자신이 반복해서 설하고 있다. 다시 말하면 그가 얻은 지혜는 지식을 얻는다고 하는 것이 보통 그러한 것보다도 훨씬 근원적인 영향을 그 자신의 미래에 주었다고 하는 것이다."라고 말하고 있는데, 이것은 중요한 지적이다. 슈 헤밀턴, 앞의 책, p.129f.

33 "na kho Kassapa natthi dukkham atthi kho Kassapa dukkhaṃ". SN II p.20.

34 "jānāmi khvāhaṃ Kassapa dukkhaṃ passāmi khvāhaṃ Kassapa dukkhaṃ". ibid.

35 MN I p.247.

36 우 조티카, 앞의 책, p.239.

37 위의 책, p.213f.

38 cf. 나미카와 다카요시(並川孝儀), 「원시불교의 세계(原始佛教の世界)」, 『신아시아불교사(新アジア佛教史) 02, 인도(インド) II, 불교의 형성과 전개(佛敎の形成と展開)』, 코세이출판사, 2010년, p.98ff.

7장

1 Sn 145.

2 원전과 그 해석은, 후쿠나가 미츠지(福永光司), 『노자(老子)』, 아사히신문 사, 1997년, p.65ff에 의함.

3 "sattesu ca kāruññataṃ paṭicca". SN I p.138 등.

4 무량(無量;無限)의 중생을 대상으로 하여, 무량하게 넓어지는 마음이기 때 문에 그와 같이 불린다.

5 "대자(大慈)란 일체중생에게 즐거움[樂]을 주고, 대비(大悲)란 일체중생(一切衆生)을 위해서 고(苦)를 제거한다."라는 것이 용수(龍樹)가 내린 유명 한 자비(慈悲)의 정의이다. 대정대장경 25권, p.256b.

6 이하 SN I p.136ff의 기술에 따라서 '범천권청'의 순서를 소개한다. 또 거 의 같은 내용의 기술은 MN I p.167ff, Vin I p.4ff에도 존재한다.

7 이 '괴리(乖離)'를 가장 첨예한 형태로 문제화하고 있는 사람이 불교학자 인 츠다 신이치(津田眞一)이다. 『반밀교학(反密敎學)』(슌쥬사, 2008년 개정 판), 『아라야적 세계와 그 신(アーラヤ的世界とその神)』(오쿠라출판, 1998 년) 등 그의 저작을 참조할 것.

8 비트겐슈타인 저, 노야 시게키(野矢茂樹) 역, 『논리철학논고(論理哲學論 考)』, 이와나미문고, 2003년, p.147.

9 cf. 우 조티카, 앞의 책, p.109.

10 리스 데이비스(Davids, Mrs. Rhys), 『불교(Buddhism)』, 윌리엄 앤 놀게이트 런던, 1870년, P.205ff. 키무라 타이겐, 앞의 책, p.316ff.

11 DN II p.102f.

12 대정대장경 9권, p.546b. 또, 아라마키 텐슌(荒牧典俊) 역, 『대승불전 8 십 지경(大乘佛典 8 十地經)』, 츄코우문고, 2003년, p.55ff도 참조할 것.

13 "凡夫可愍. 不知不覺. 而受苦惱. 菩薩於此見諸衆生不免諸苦. 卽生大悲智 慧. 是諸衆生我應救護. 令住畢意佛道之樂. 卽卽生大慈智慧"(대정대장경 9 권, p.546b).

14 "若衆生盡. 我願乃盡. 若世界. 虛空. 法界. 涅槃. 佛出世. 諸佛智慧. 心所 緣. 起智. 諸轉盡. 我願乃盡. 而衆生實不可盡. 世界. 虛空. 法界. 涅槃. 佛 出世. 諸佛智慧. 心所緣. 起智. 諸轉. 實不可盡. 我諸願善根亦不可盡."(대 정대장경 9권, p.546a). 구카이(空海)가 '고야산 만등회의 원문'에 이 부분 을 전거로 한 일문(一文)을 기록한 일이 유명하다.

15 앞의 책, 『아비담맛타 상가하(アビダンマッタサンガハ 南方佛敎哲學敎義 槪說)』, p.203f.

16 Sn 21, MN I p.134f 등.

17 여기에서 말하는 '각자(覺者)들'이란 무위열반(無爲涅槃)의 각지(覺知)에 의해서, '이야깃거리의 세계'로의 집착으로부터 일시적으로라도 여의게 되

는 것에 성공한 자들의 것을 가리킨다. 이와 같은 불교에 있어서의 고따마 붓다 이외의 '각자(覺者)'들의 성질에 대해서 엄밀하게 생각하는 데는 사향사과(四向四果) 등의 '깨달음'의 단계에 대한 검토가 불가결하지만, 본서에서는 그 작업을 할 여유가 없다.

8장

1　"你欲得識祖佛麼. 祗你面前聽法底是". 이리야 요시타카(入矢義高) 역주, 『임제록(臨濟錄)』, 이와나미문고, 1989년, p.33.

2　DN II p.156.

3　대정대장경 9권, p.43b. 또 마츠나미 세이렌(松濤誠廉)·탄지 아키요시(丹治昭義)·카츠라 쇼류(桂紹隆) 역, 『대승불전 5 법화경 II(大乘佛典 5 法華經 II)』, 츄코우문고, 2002년, p.115도 참조.

4　고따마 붓다는 실은 구원(久遠)의 과거에 성불하였고, 그 이래 무량(無量)의 수명을 가지고, 중생 교화를 계속하고 있다고 하는 경전의 설. 『법화경』의 「여래수량품」(위의 책)에 설한다.

5　보살(菩薩, bodhisatta, s. bodhisattva)은 어의로서는 '깨달음(bodhi)을 구하는 중생(satta)'을 의미하지만, 원래는 성도 이전의 고따마 붓다, 특히 그 전생의 것을 가리키는 말이었다. 따라서 소위 '소승'불교에서, 자기의 번뇌로부터 해방된 아라한이 되는 것만을 목표로 하는 수행자들은 보살이라고는 부를 수 없다. 그러나 대승불교에서는 기본적으로 수도의 궁극적인 목표가 최고의 깨달음을 얻어 붓다가 되는 것이기 때문에, 그것을 목표로 하는 실천자들은 모두 '보살'이라고 이해하게 되었다. 다만 붓다가 된다(성불한다)고 하는 것은, 널리 중생을 구하는 이타(利他)의 방편력을 몸에 붙인다고 하는 것이므로, 단지 자리(自利)만을 성취하는 아라한이 되는 것보다도 훨씬 어려운 일이다. 그렇기 때문에 그를 위해서 삼아승기백겁(三阿僧祇百劫), 사아승기백천겁(四阿僧祇百千劫)이라는 장대한 기간 동안 윤회전생을 거듭하면서 수행하는 것이 필요하다는 사고방식이 존재하였다.

6　이러한 점에 대해서 이미 츠다 신이치는 '생(生)의 자타카적 해석' 등의 독자적인 용어를 쓰면서 적확한 지적을 하고 있다(앞의 책, 『반밀교학(反密教學)』을 참조할 것). 또 츠다 신이치와 필자의 불교 이해는 중요한 부분에서 크게 다르지만, 그래도 본장의 서술에는 그의 의론에서 계발된 점이 많이 있음을 여기에 명기하여 둔다.

7　아라키 켄고(荒木見悟)는 『신판 불교와 유교(新版 佛教と儒佛)』(켄분출

판, 1993년)의 「서론–본래성과 현실성(序論–本來性と現實性)」에서, 유불양교(儒佛兩敎)의 사상의 근원에 있는 '철학적 모태'로서 '인심(人心)'의 안에 갖추어져 있고, 세계(世界)의 근저에 있는 본래적인 것'인 '본래성(本來性)'을 들어 '현실성(現實性)'을 그에 대치되는 '현실적인 것'이라고 하고 있다. 켄고의 같은 저술에서는, 이 '본래성–현실성'의 다종다양한 짜임을 축으로 하여 당대(唐代)의 『화엄경』의 철학으로부터 명대(明代)의 왕양명(王陽明)에 이르기까지의 유불양교(儒佛兩敎)의 사상사를 서로 유기적으로 관련지어 말하고 있다. 또 후에 언급하는 오가와 류(小川隆) 역시 『어록의 사상사(語錄の思想史)』(이와나미문고, 2011년)에서 아라키 켄고의 '현실성(現實性)'을 '현실태(現實態)'로 고쳐가면서도 개념적으로는 변함이 없는 형태로(cf. 같은 책, p.142f) 중국의 선종사(禪宗史)를 이해하고 있다. 본장에서 말하는 것은 깊이 생각해 본바, 이 '본래성–현실성'의 형태가 중국의 사상사뿐만 아니라, 불교사 전체에 널리 적용될 수 있는 것은 아닌가 하는 시사이다.

8 물론 삼매(三昧)에서의 '견불(見佛)' 경험이 대승경전 제작의 중요한 계기였던 것은 말할 것도 없다. 즉, 경전 제작자들은 자신의 사상을 말하기 위해 사정이 좋은 편집 담당자로서 단지 '공상(空想)'의 불(佛)을 묘사한 것은 아니라는 것이다. 다만, 『삼매경(三昧境)』에서의 '견불'이라면 불수념(佛随念; Buddha–anussati)으로서, 테라와다 불교도 역시 행하고 있다. 이는 삼매에 의해서 '견불'한다는 것은 같다고 해도, 그 해석(=이야깃거리의 방법)은 명상자의 사상적인 방향에 의해서 바뀌는 일이 있을 수 있음을 의미한다. 필자가 여기에서 해석을 제시하는 목적은 경전의 원전이 나타내는 내용에 대해서가 아니고 그와 같은 원전을 경전 제작자에게 서술케 한 그 근저에 있는 동기에 대한 것이다.

9 cf. 앞의 책, 『아비담맛타 상가하(アビダンマッタサンガハ 南方佛敎哲學敎義槪說)』, p.20.

10 이것은 우 조티카, 앞의 책, p.58f에서도 지적되고 있다.

11 오가와 류, 앞의 책, p.11. 이하의 중국선(中國禪)에 관한 서술도 이 『어록의 사상사』를 주로 한 오가와 류의 모든 저술의 설명에 의거한다. 그 이해에 잘못이 있다면 이는 당연히 필자의 책임이다.

12 앞의 책, 『임제록』, p.46.

13 위의 책, p.54.

14 위의 책, p.75.

15 cf. 위의 책, p.79ff.

16 물론 마조(馬祖)나 임제(臨濟)도 '불교인'인 이상 그들은 '이야깃거리의 세

계'를 단지 덧씌워 긍정한 것이 결코 아니고, '본래성'을 고려하지 않았던 것도 아니다. 예컨대 『임제록』에 "그대, 부처가 되고자 하면 만물(万物)에 따르지 마라. 심생(心生)하면 종종(種種)의 법(法) 생(生)하고, 심멸(心滅)하면 종종(種種)의 법(法) 멸(滅)한다. 일심(一心) 생(生)하지 않으면 만법에 허물없다. 세(世)와 출세(出世), 무불무법(無佛無法), 또한 현전(現前)하지 않고, 또한 일찍이 잃음이 없다." 운운하며 말하고 있는(위의 책, p.132f.) 것에서도 분명하다고 생각한다. 다만 적어도 그들은 '현실성'과 '본래성' 혹은 그들의 말로 다시 말하면 '범(凡)'과 '성(聖)'을 명시적으로 구별한 후에, 전자로부터 후자에로의 이행을 설한다는 그때까지의 불교의 기본적인 틀을 그대로 받아들이는 것은 거절하고 있었다. 그와 같은 그들의 '현실성'과 '본래성'과의 관계를 해석하는 방식은 단순히 정식화(定式化)하기 어려운 실로 '미묘'한 것이 되고, 또 개별적인 선자(禪者)에 의한 견해의 차이도 많이 있다. 이 점에 관해서 문헌의 치밀한 독해에 의거하면서 신중한 해명을 하고 있는 오가와 류의 앞의 책이기 때문에 자세한 것은 그쪽을 참조하기 바란다.

17 cf. 오가와 류, 앞의 책, p.106f.
18 이상의 '간화선(看話禪)'에 관한 기술은 위의 책, p.27ff에 의거함.
19 물론, 이것은 '대개 이와 같은 경향을 볼 수 있다'는 뜻이고, 실제로는 각 개의 나라 가운데서도 개인이나 종파마다 다양한 견해의 차이를 볼 수 있는 것은 당연한 것이다.
20 아잔 차 저, 잭 캔필드·폴 브레이더 편, 호시 히유마(星飛雄馬)·하나와 요우코(花輪陽子)·하나와 도시유키(花輪俊行) 역, 『손 떼고 사는 법(手放す生き方)』, 상가, 2011년·문고판 2012년간(한국어판 『아잔 차 스님의 오두막』). 아잔 차 저, 호시 히유마(星飛雄馬) 역, 『무상의 가르침(無常の教え)』, 상가, 2013년.
21 『깨달음의 명상(「気づきの瞑想」を生きる—タイで出家した日本人僧の物語)』(코세이출판사, 2009년), 『뇌와 명상(脳と瞑想)』(시노우라 신테이(篠浦伸禎) 공저, 상가, 2014년) 등의 저술이 있다.
22 대승과 소승의 다양한 경전은 모두 고따마 붓다 일대의 설법에 의한다는 이해에 의거하여 그들의 서로 다른 가르침을 가치의 상하에 따라서 배열·구분하는 경전 해석학. 줄여서 '교판(教判)'이라고도 말한다. 모든 경전이 전후 관계없이 들어와서 번역 출판된 중국에서 활발하게 이루어졌으며, 천태종의 '오시팔교(五時八教)'나 화엄종의 '오교십종(五敎十宗)'이라고 하는 교판이 특히 유명하다.

깨달음의 재발견

불교 사상의 제로포인트

초판 1쇄 펴냄   2017년 3월 27일
초판 2쇄 펴냄   2018년 7월 27일

지은이. 우오가와 유지(魚川祐司)   옮긴이. 이광준
발행인. 전설정   편집인. 김용환   부문사장. 최승천

펴낸곳. 조계종출판사
출판등록. 제300-2007-78호(2007.04.27.)
주소. 서울시 종로구 삼봉로 81 두산위브파빌리온 230호
전화. 02-720-6107~9 팩스. 02-733-6708
홈페이지. www.jogyebook.com

ISBN 979-11-5580-086-7   03220
값 15,000원